Quo vadis?

PENSAR Y ACTUAR
EN TIEMPOS DE INCERTIDUMBRE

AYAAN HIRSI ALI,
MONS. JOSÉ IGNACIO MUNILLA
Y FABRICE HADJADJ

QUO VADIS?

PENSAR Y ACTUAR
EN TIEMPOS DE INCERTIDUMBRE

CEU | Ediciones

Quo vadis? Pensar y actuar en tiempos de incertidumbre
Edición al cuidado de Julio Llorente Sanchidrián

1.ª edición: mayo, 2025

© de los textos, sus autores, 2025
© Fundación Universitaria San Pablo CEU, 2025

CEU Ediciones
Julián Romea 18, 28003 Madrid
Teléfono: 91 514 05 73
Correo electrónico: ceuediciones@ceu.es
www.ceuediciones.es

ISBN: 978-84-19976-84-0
Depósito legal: M-10690-2025

Maquetación y diseño de cubierta: Andrea Nieto Alonso (CEU *Ediciones*)

Impresión: Estugraf, S.L.
Impreso en España

CONGRESO CATÓLICOS Y VIDA PÚBLICA

ÍNDICE

PRÓLOGO

– Alfonso Bullón de Mendoza y Gómez de Valugera –

Presidente de la Asociación Católica de Propagandistas

N O PUEDO INICIAR ESTE SENCILLO PRÓLOGO sin dar las gracias a quienes se han ocupado de la dirección del vigésimo sexto Congreso de Católicos y Vida Pública, José Masip y María San Gil, codirectores, tanto por la cantidad y calidad de los intervinientes como de los participantes en general. Pero en esta ocasión, y junto a este primer agradecimiento, hay otra persona a quien tengo que dar las gracias de manera muy especial, a una persona que cuando yo era un joven profesor de Historia Contemporánea, en 1988, pensó en mí para organizar y dirigir su primera edición hace nada menos que un cuarto de siglo, me refiero a Alfonso Coronel de Palma, a la sazón presidente de la Asociación Católica de Propagandistas, fallecido demasiado prematuramente hace ahora siete años. La

Providencia ha querido que sea yo quien ocupe ahora la presidencia de la AC de P. Pero lo que me gustaría subrayar es el nexo existente, a mi juicio, entre aquel inicio y el momento actual que vive la Asociación Católica de Propagandistas.

Cuando Coronel de Palma puso en marcha el primer Congreso de Católicos y Vida Pública tenía en mente dos objetivos o, mejor, uno que tenía un doble alcance. Primero, se trataba de devolver a la AC de P a sus fines fundacionales, que no son otros que llevar el pensamiento social católico a la plaza pública, más allá de su mera enseñanza en las aulas del CEU. Con ello, se intentaba impulsar al mismo tiempo una nueva presencia católica en la vida pública española, una presencia que no había dejado de disminuir y marchitarse desde los años de la transición democrática. Por eso, desde el principio, una de las claves de su éxito fue ofrecer un espacio abierto para la colaboración activa de cuantas realidades e instituciones de Iglesia se quisieran sumar a esta iniciativa. Y he de decir que han sido, y son, muchas. E incluso me atrevería decir que «casi todas». Es lo que Coronel de Palma llamaba un «ecumenismo católico». ¿Cómo era posible -se preguntaba- que se hablara tanto de ecumenismo de puertas para afuera de la Iglesia y se practicara tan poco de puertas para adentro? Esto era algo que sencillamente le provocaba escándalo.

Por mi parte, les confesaré que ya había organizado bastantes congresos, pero este fue, con diferencia, por la ambición de sus objetivos y la variedad, cuando no heterogeneidad, de los implicados, el congreso más complicado de organizar y que, de hecho, he organizado jamás en mi vida. Finalmente, lo pude llevar a buen puerto gracias a la ayuda de una excelente colaboradora, de Carla Diez de Rivera, a la que logré persuadir para que dirigiera el siguiente, y Carla dirigió, nada más y nada menos, que diez Congresos de Católicos y Vida Pública. Así que, querida Carla, muchísimas gracias por haberlo hecho y muchas gracias por estar hoy aquí.

Ahora quisiera decir algunas palabras, pocas, sobre el título y el tema de este año: *Quo vadis?* Primero respecto a quién se dirige la pregunta, y segundo cuál es su intención. Respecto a la primera cuestión sobre quién es el destinatario del congreso se puede responder con una cierta obviedad: se dirige ante todo a los que hemos participado en él. Pero es obvio que esta respuesta es manifiestamente insatisfactoria por cuanto el congreso se dirigió a los participantes en cuanto insertos en un «nosotros» mucho más amplio, en un horizonte comprensivo, en primer lugar, de nuestra nación, de España; y esta, a su vez, dentro del conjunto de las naciones occidentales y de Occidente mismo. Pero aún podría afirmarse que el destinatario alcanza un horizonte mayor, pues en su intención última se dirige a la humanidad entera, o mejor, al hombre, a todo hombre, de nuestro tiempo.

Y ¿con qué objetivo? Pues el de una toma de conciencia, y que no es otra que hacer ver al hombre de nuestro tiempo que el desorden y la desmoralización crecientemente sentida en el seno de nuestras sociedades tiene una causa bien precisa: la de un mundo que se ha construido sobre la premisa de la inexistencia de Dios. En el manifiesto inicial se declaraba algo sobre lo que merece la pena detenerse un momento, y dice así:

> Existe un sentimiento de desmoralización que es la consecuencia de una cierta impotencia ante el avance y la imposición

sistemática de una nueva sociedad, de un desorden social, que nunca ha sido ni explicado ni votado, sino que, por el contrario, ha sido silenciado. Ese sentimiento de desmoralización, fruto de la crisis del valor de la verdad, de una moral objetiva y también de ánimo, impulsado por la comodidad, nos arrastra a un individualismo feroz.

Pues bien, el objetivo del Congreso fue afirmar que esta desmoralización es el resultado necesario de una premisa previa: «Vivir como si Dios no existiera». O, si se prefiere, y para decirlo en positivo, para señalar cuál es el antídoto a esta desmoralización, como incansablemente nos recordara Benedicto XVI, que la sociedad vuelva a descansar sobre la premisa de la existencia de Dios. Y, con todo, surge una última cuestión: ¿a qué «Dios» nos referimos? Y la respuesta del congreso no deja lugar a dudas, al Dios que se ha hecho hombre y ha muerto y resucitado por él, es decir, al Dios Amor, al Dios de Jesucristo.

PALABRAS DE PRESENTACIÓN

— Mons. Bernardito C. Auza —

Nuncio apostólico

MUY AGRADECIDO A LA INVITACIÓN PREsentada por D. Alfonso Bullón de Mendoza y Gómez de Valugera la he acogido de parte suya, de los organizadores, ponentes y participantes, como muestra de afecto y de comunión con el Santo Padre. Un año más, me alegra poder estar aquí, en este espacio que quiere aportar, particularmente a los laicos, un aliciente en el compromiso evangelizador e iluminar los espacios de la vida pública con y bajo la guía del magisterio pontificio.

Alentando el estudio y la aportación de los expertos en los diferentes aspectos sobre el oportuno e interesante título elegido, que remite inmediatamente nuestro pensamiento al apóstol san Pedro, me comprenderán si, al saludarles, subrayo algunos puntos esenciales que encontramos en la enseñanza del Santo Padre.

En primer lugar, debo referirme a la virtud de la esperanza, objeto del ya inminente Año Santo Ordinario 2025. Es la virtud que el Papa desea poner a la consideración de los cristianos que, en esta hora, experimentan las consecuencias de una «crisis antropológica». El Papa así lo ha reconocido: «El mundo actual atraviesa una profunda crisis antropológica, una crisis de sentido a la que la Iglesia tiene el deber de responder adecuada y eficazmente» (Discurso 50° aniversario de la fundación del Instituto de Psicología de la Pontificia Universidad Gregoriana, 14,05/2022). Pero el Papa también ha asegurado no temer la crisis: «Las crisis son como voces que nos señalan dónde hay que proceder». El Año Santo, a punto de inaugurarse el próximo día 24 de diciembre, en esta hora vivida como «imprevisibilidad del futuro» −así afirma el Papa en la bula− (Bula de Convocación del Jubileo Ordinario del Año 2025, n° 1), debe ser ocasión para el «encuentro vivo y personal con el Señor Jesús Puerta de Salvación» (ibid.) e infundir en el ánimo el compromiso evangelizador.

En segundo lugar, podemos recordar que, a pesar de la construcción artificial que, con el ánimo de perfeccionar al hombre, resulta al final en deshumanización, cabe resaltar que, por una parte, en la debilidad y necesidad del ser humano hay un reclamo que no puede ser erradicado, la búsqueda de Dios, y que, solamente en Jesucristo, esa debilidad es fortalecida, comprendida y amada. Asimismo, en el hombre «imagen y semejanza de Dios». Por su «Creador, hay inscrito en el corazón y en el cuerpo de los hombres y las mujeres, una misión que el Señor confía a los esposos y a su amor» (Bula del Jubileo, n° 9) abierto a la vida (Cf. Ibid).

En tercer lugar, pienso que nos hace bien tomar el título de las reflexiones que se inauguran –*Quo vadis?*– como clave de lectura de la nueva encíclica sobre el Sagrado Corazón de Jesús, *Dilexit nos*. Efectivamente, ante la pregunta «¿dónde vas?» descubrimos meridianamente, y en pleno acuerdo con el Evangelio, que la clave de nuestro camino está en la dirección a la que nos lleva el propio corazón, y está también en el encuentro del corazón. Haremos bien si precisamos ahí nuestra búsqueda, porque «en este mundo líquido es necesario hablar nuevamente del corazón, apuntar hacia allí donde cada persona, de toda clase y condición, hace su síntesis; allí donde los seres concretos tienen la fuente y la raíz de todas sus demás potencias, convicciones, pasiones, elecciones... En la sociedad actual el ser humano «corre el riesgo de perder su centro, el centro de sí mismo» (n° 9).

Y dice la citada encíclica algo muy importante y necesario en el ámbito del aula, de la educación y la enseñanza, de la reflexión que define la naturaleza de una universidad:

> Ahora bien –dice el Papa–, el problema de la sociedad líquida es actual, pero la desvalorización del centro íntimo del hombre –el corazón– viene de más lejos: la encontramos ya en el racionalismo griego y precristiano, en el idealismo postcristiano o en el materialismo en sus diversas formas. El corazón ha tenido poco lugar en la antropología y al gran pensamiento filosófico le resulta una noción extraña. Se han preferido otros conceptos como el de razón, voluntad o libertad... Si el corazón está devaluado también se devalúa lo que

significa hablar desde el corazón, actuar con corazón, madurar y cuidar el corazón. Cuando no se aprecia lo específico del corazón perdemos las respuestas que la sola inteligencia no puede dar, perdemos el encuentro con los demás, perdemos la poesía (nº 10-11).

Por último, la encíclica recoge una preciosa cita bíblica tomada del libro de los Proverbios que no podemos soslayar, porque viene a ponernos muy a la vista dónde se halla la base del problema que nos trae: «Con todo cuidado vigila tu corazón, porque de él brotan las fuentes de la vida» (Prov 4, 23).

Las *crisis* de la vida «reavivan nuestra necesidad de Dios y nos permiten así regresar al Señor, volver a experimentar su amor». Así lo dijo el mismo Señor: «Venid a mi todos los que estáis cansados y agobiados, que yo os aliviaré» (Mt 11,28).

Ahora cumplo con el grato deber de dar a conocer un mensaje en nombre del santo padre el Papa Francisco.

«Su santidad el papa Francisco saluda muy cordialmente a los organizadores y participantes en el XXVI Congreso Católicos y Vida Pública, que tiene lugar en Madrid con el lema «*Quo vadis?* Pensar y actuar en tiempos de incertidumbre», y los anima en su propósito de buscar caminos que permitan gestionar las crisis y de hacer aflorar una constructiva opción positiva, capaz de motivar el compromiso para superarlas con valentía y con la esperanza cristiana que no defrauda.

El santo padre alienta a los formadores que participan a mantener su esfuerzo por profundizar y ofrecer una sólida preparación antropológica.

Sabiendo que nada está fuera del poder de dios, y que él puede responder a nuestra llamada suplicante, les pide que no cejen en la oración confiando plenamente en su corazón, y que, en sus plegarias, tengan también un especial recuerdo por su persona y la tarea que el señor le ha confiado en servicio de toda la Iglesia.

Invocando la intercesión del apóstol san Pablo y la protección de la inmaculada virgen María, madre de Dios y madre de la Iglesia, el santo padre imparte de corazón, a los congresistas y sus trabajos, la implorada bendición apostólica.

Muchas gracias.

MANIFIESTO DEL XXVI CONGRESO CATÓLICOS Y VIDA PÚBLICA

EL DRAMÁTICO Y, A SU VEZ, VERDADERO enunciado de «Quo vadis» con el que titulamos este XXVI Congreso Católicos y Vida Pública nos confirma una ecuación inequívoca: «Cuánto mayor es la pérdida de referencias permanentes, más desorden político y social existe». Un concepto, «pérdida de referencias permanentes», con el que se quiere señalar el ocultamiento de todo lo que expresa la transcendencia del ser humano, así como la construcción de un orden social y político basado en la premisa más o menos explícita de «vivir como si Dios no existiera». Una opción definida por un craso materialismo que no pueda dejar de llevar a la civilización occidental a la decadencia, a la crisis y al desorden.

En paralelo, y de un modo acuciante, nos enfrentamos a un relativismo moral que está en el fondo de una crisis, quizá sin precedentes, que pide de los católicos un redoblado esfuerzo en la defensa de sus fundamentos: la defensa de la vida, la familia, la cultura del esfuerzo, la dignidad y la naturaleza de la persona humana. La defensa hoy de los fundamentos cristianos de nuestra sociedad no es un ejercicio de «fundamentalismo», sino que, por el contrario, significa ser vanguardia del debate principal del futuro de nuestras sociedades.

Existe un sentimiento de desmoralización que es la consecuencia de una cierta impotencia ante el avance y la imposición sistemática de una nueva sociedad, de un desorden social, que nunca ha sido ni explicado ni votado, sino que, por el contrario, ha sido silenciado. Ese sentimiento de desmoralización, fruto de la crisis del valor de la verdad, de una moral objetiva y también de ánimo, impulsado por la comodidad, nos arrastra a un individualismo feroz.

De forma paradójica, en Occidente, este relativismo convive con el extremismo en el ámbito político. Si el relativismo está en el fondo, en la causa de la pérdida de referencias permanentes, el extremismo tampoco es la solución a los problemas de una sociedad que necesita cohesión y fundamentos. Si la crisis es de fundamentos, la solución de verdad estará en el fortalecimiento de los mismos, no en la búsqueda del extremo, y mucho menos en la insistencia del relativismo. Si la crisis está en la persona, la solución, de verdad, pasa por un cambio de actitud personal.

Es preciso, por tanto, que los católicos tomemos conciencia del papel que nos corresponde, convoquemos a una nueva generación y salgamos de un intento de marginación y desprecio de una moda dominante, que parece empeñada en no entender la causa de la crisis. Tan equivocada es la consideración de que todos los católicos pensemos lo mismo en todas las cuestiones políticas, como concluir que no tenemos cohesión alguna en el ámbito público, razón por la que deberíamos abstenernos de toda toma de posición social y política.

No se trata de buscar, encontrar y apoyar una opción política partidaria, sino de enunciar y articular una estrategia o un conjunto de iniciativas, a modo de plan que contribuya a una toma de conciencia de la gravedad de la situación, conscientes de hasta qué punto los fundamentos humanistas de nuestra civilización están siendo atacados en su raíz. Reiteramos que el papel de los católicos españoles y europeos en este ámbito resulta esencial y determinante. Si no lo impulsamos nosotros, nadie lo hará.

Por todo ello, creemos que la transformación de un catolicismo social, por lo general silencioso e irrelevante, en una minoría creativa –tal y como nos interpelaban tanto Benedicto XVI como Francisco–, constituye un reto irrenunciable de la Asociación Católica de Propagandistas y de este Congreso. Es necesario insistir en esta tarea, sumando en la medida de lo posible a otros grupos y movimientos católicos que sientan la urgencia del momento histórico en el que nos hallamos.

PARTE I

PRESENTACIÓN DE AYAAN HIRSI ALI

— Patricia Santos Rodríguez —

A LO LARGO DE LA HISTORIA, HAY VIDAS que, por su intensidad y su testimonio de lucha, se convierten en faros para generaciones venideras. Hay historias de personas que, contra todo pronóstico, han sabido atravesar el dolor, el abandono y la adversidad con una determinación inquebrantable. Personas que, pudiendo rendirse ante la dureza del camino, han elegido la búsqueda de la verdad y la libertad como sus únicos motores. Vidas que nos recuerdan que el sufrimiento puede transformarse en fortaleza, que la búsqueda de la verdad tiene un precio, pero que ese precio nunca es en vano.

La historia de Ayaan Hirsi Ali es una de esas vidas. Una historia de exilio, de dolor y resistencia, de valentía y de compromiso con la verdad, incluso cuando esta resulta incómoda o peligrosa. Hoy tenemos el privilegio de escuchar a Ayaan, quien no sólo es una pensadora influyente, una escritora valiente o una voz poderosa en la defensa de la libertad; es, ante todo, el testimonio de la historia de un alma que ha atravesado las pruebas más arduas sin claudicar.

Bienvenidos a este encuentro con una mujer que, pudiendo haberse hundido en la desesperanza, eligió la libertad y, de ese modo, convirtió su vida en una inspiración para otros.

La fragua

DESDE SU NIÑEZ, AYAAN DESTACÓ POR enfrentar la realidad con inteligencia y por buscar la verdad incluso cuando el precio de esa búsqueda era el dolor. Su anhelo de ser amada y comprendida se vio, muchas veces, eclipsado por el sufrimiento a causa del abandono, la violencia, la pérdida de certezas y la soledad en el camino. Su existencia ha sido un peregrinaje espiritual, intelectual y moral. En cada desafío

–ya fuera personal, afectivo, racial, social, sexual, religioso o político– pudo haberse rendido, pero eligió seguir adelante, buscando sentido y propósito allí donde la vida se lo negaba. La historia de Ayaan es, ante todo, una historia de valentía. Su niñez estuvo marcada por la tensión entre el deseo de pertenecer a un clan y la imposición de una tradición que ahoga la individualidad. Ayaan aprendió muy pronto que vivir es elegir, y que elegir, a veces, significa desafiar lo establecido.

Nació en Somalia en 1969, en el seno de una familia musulmana tradicional. Su infancia estuvo marcada por la migración y el desarraigo, pues su familia se vio obligada a trasladarse a distintos países –Arabia Saudita, Etiopía, Kenia– debido a la actividad política de su padre, un líder opositor al régimen somalí. En estos años de infancia y juventud, Ayaan experimentó en carne propia los límites impuestos a la mujer en muchas sociedades islámicas: la violencia estructural, la negación de la autonomía individual, la sumisión como virtud, el miedo inculcado desde la niñez a cualquier cuestionamiento del dogma.

Su niñez y juventud estuvieron jalonadas por pruebas que pocos habrían podido soportar sin sucumbir, en sus condiciones. Pruebas personales, experimentando el desarraigo, el dolor del abandono y la ruptura con sus raíces; pruebas espirituales, porque su alma inquieta no pudo conformarse con dogmas impuestos, sino que buscó la verdad con un ansia feroz, aun cuando esa verdad la llevara a romper con su pasado; pruebas a su condición de mujer en una cultura que, en muchos aspectos, limita la plenitud de la feminidad y la reduce a la obediencia y al sacrificio. Pruebas raciales y sociales, porque emigrar y renunciar a lo que se espera de uno es, a menudo, un acto de traición a los ojos de quienes no entienden la búsqueda de la verdad en libertad.

Uno de los episodios más traumáticos de su infancia fue la mutilación genital a la que fue sometida a los cinco años por su abuela, una práctica que, lejos de ser una excepción, sigue afectando hoy a millones de niñas en el mundo. Sin embargo, su historia no terminó ahí; casi podría decirse que comenzó a partir de ese suceso. Más adelante, en su juventud, su familia concertó para ella un matrimonio con un hombre al que apenas conocía, en una unión forzada que la llevaría a tomar una de las decisiones más difíciles y transformadoras de su vida: huir.

En 1992, con apenas 23 años, Ayaan llegó a los Países Bajos desde Alemania como refugiada. Allí, por primera vez, experimentó algo que hasta entonces le había sido negado: la posibilidad de elegir y llegar a ser una más en la sociedad que la había acogido. Su transformación no fue instantánea ni sencilla. Durante años, tuvo que enfrentarse al conflicto interno de abandonar su fe, su cultura, su identidad anterior. Lo más admirable de Ayaan Hirsi Ali no es sólo haber superado estas pruebas, sino haberlo hecho sin perder su capacidad de amar, de reflexionar y de ofrecer a otros su testimonio de vida. Su historia está lejos del odio o del resentimiento; es una historia que habla de despertar, de aprender, primero a tientas, después con la fuerza de las verdades encontradas.

Compromiso social y político

DURANTE SU PERÍODO DE REFUGIADA DEScubrió el valor del lenguaje, de la convivencia, del pensamiento crítico; el valor de su libertad y de la responsabilidad que conlleva. Sus experiencias fueron determinando primero lo que no quería ser y, en segundo lugar, lo que quería lograr. Estudió Ciencias Políticas en la Universidad de Leiden y poco a poco se convirtió en una voz poderosa en el debate sobre la inmigración, el islam y los derechos de la mujer.

Su incursión en la política se dio de manera natural; la necesitaban, y ella podía aumentar así el alcance de su compromiso social. En 2003, se convirtió en miembro del Parlamento neerlandés, donde trabajó incansablemente en la defensa de los derechos de las mujeres musulmanas en Europa, denunciando la violencia de honor, los matrimonios forzados y la opresión de las normas islámicas tradicionales. Aunque su afiliación política cambió en algunos momentos, fue precisamente por buscar un mejor acomodo práctico a su pensamiento filosófico-político, que mantuvo siempre un eje central: la defensa inquebrantable de la dignidad humana como fundamento de la libertad. En sus libros *Infiel, Nómada* y *Hereje*, aborda cuestiones fundamentales sobre el choque de civilizaciones, el papel de la religión en la vida pública y la necesidad de que el mundo musulmán experimente una Ilustración similar a la que Occidente vivió en los siglos XVII y XVIII.

Su activismo sufrió un varapalo en aquella época. Sucedió en 2004, tras colaborar con el cineasta Theo van Gogh en el cortometraje *Submission*, una denuncia visual de la opresión de la mujer en el islam, su vida cambió para siempre. Van Gogh fue brutalmente asesinado por un islamista radical, quien dejó, clavada sobre su cadáver, una carta que amenazaba directamente a Ayaan. De nuevo tuvo que des-arraigarse y rehacer su vida en Estados Unidos, buscar allí anonimato y protección, conocedora de que el precio de su libertad se había convertido en una realidad tangible.

Sin embargo, ni el miedo ni el exilio la silenciaron. Ayaan profundizó en su crítica del relativismo cultural, esa idea que, bajo el nombre de una mal concebida tolerancia, ha permitido la perpetuación de prácticas opresivas en muchas comunidades inmigrantes dentro de las sociedades democráticas. Para ella, los derechos humanos no deben supeditarse a tradiciones o credos; la dignidad de la persona es universal e innegociable. Su postura le ha valido el reconocimiento de muchos, pero también la condena de otros que todavía hoy la acusan de islamofobia. Por contraste, el mensaje de Ayaan Hirsi no es el del odio, ni el de la revancha, sino el de la coherencia. Es una invitación a la autocrítica en el islam, una defensa de los valores que han hecho posible la libertad en Occidente y una advertencia a no dar por sentados los principios que han permitido el progreso de la humanidad.

En los últimos años, su pensamiento ha seguido evolucionando. Inesperadamente, Ayaan Hirsi Ali ha comenzado un acercamiento al cristianismo, al que en el pasado miraba con recelo. Ha reconocido que los valores cristianos han sido esenciales para la construcción de las sociedades libres y que, ante el vacío moral que deja el secularismo extremo, el cristianismo ofrece una base sólida para la defensa de la dignidad humana.

Ayaan interpela a los católicos especialmente

La vida de Ayaan, su testimonio y su pensamiento, nos interpelan con especial fuerza a los católicos, como lo haría el capitán de un barco que, tras noches de tormentas y peligros, arribara a la costa de madrugada y descansara junto a otros barcos aún dormidos.

Aunque no se define como cristiana en todas sus etapas, su vida refleja muchas de las grandes verdades del cristianismo. Su historia es, en esencia, un testimonio de redención, de sacrificio y de gracia. En ella encontramos ecos de aquella Verdad que no teme ser perseguida, de aquella Bondad que no deja a nadie atrás, de aquella Belleza que nace del sufrimiento y se convierte en luz para los demás. Su vida nos acerca, sin que ella misma tal vez lo sepa, al misterio de la Cruz y a la experiencia cristiana del peregrinaje, de la búsqueda, del encuentro con el significado más profundo de la existencia.

Su vida podría verse como una historia de abandonos. Su padre, la figura que pudo haber sido su primera protección, y a quien ella siempre demostró amor de hija, estuvo ausente durante gran parte de su infancia. Su madre, atrapada en una visión implacable de la tradición, la educó con dureza, sin el consuelo del cariño o la comprensión. Sus hermanas, en su propio viaje de supervivencia, no siempre estuvieron cerca. Sus amigas de juventud, aquellas con quienes había compartido los primeros pasos de la vida, no pudieron seguirla cuando su pensamiento empezó a alejarse de la fe islámica. Más tarde, los miembros de su partido político, quienes en un inicio la apoyaron, terminaron dándole la espalda cuando sus posturas se volvieron demasiado incómodas. Y, finalmente, el propio islam, que había sido su mundo, su identidad y su certeza en la infancia, también le planteó una disyuntiva total, o todo o nada: sumisión o libertad en soledad.

En este recorrido, sería más fácil preguntarse: ¿quién no abandonó nunca a Ayaan? Una mujer que ha tenido que aprender a sostenerse en pie cuando todos a su alrededor se alejaban. Y, sin embargo, nunca permitió que el abandono la volviera cínica o indiferente. En lugar de cerrarse al mundo, convirtió su vida en un testimonio de esperanza y de entrega. Ayaan Hirsi Ali podría haber sucumbido ante el peso del dolor, la soledad y la persecución. Sin embargo, su vida es una historia de redención y de gracia: de una fe nacida del sufrimiento, acrisolada en el fuego de las pruebas y vivida hasta las últimas consecuencias.

En su trayectoria vital Ayaan demuestra un coraje excepcional para defender, incluso con riesgo para su vida, la libertad de pensamiento, la dignidad de la persona y el derecho de todo ser humano a cuestionar, a creer o a dejar de creer, a hablar sin miedo. Perseguida, amenazada y criticada, pero sin retroceder jamás en su compromiso con la verdad. Amiga y enemiga de muchos por mantenerse fiel a su propósito: el de dar voz a quienes se hallan silenciados, el de alumbrar los rincones más oscuros de una realidad que, con demasiada frecuencia, se prefiere ignorar.

Ayaan Hirsi Ali podría haber permitido que el peso del sufrimiento la destruyera. En cambio, eligió seguir adelante: aprender, crecer, dejar que el dolor le enseñase su sabiduría, transformando su miedo en determinación. Hoy, su testimonio no sólo inspira a mujeres y hombres de todo el mundo, sino que nos recuerda que la verdad siempre vale la pena.

Y esto no es todo. La vida, el testimonio y el pensamiento de Ayaan siguen repicando en el alma católica. Parece que esta mujer ha vivido la fe, la esperanza y la caridad heroicamente, no en su dimensión teologal, sino en su estado más natural y puramente humano. Ha mostrado fe, no en un credo o en unos dogmas humanos, sino en la dignidad inquebrantable de cada persona. Ha tenido esperanza, no en promesas abstractas, sino en la posibilidad real de alcanzar la libertad y el amor, aun cuando el mundo le dijera que era imposible para ella. Y ha practicado la caridad no desde la distancia, sino con una generosidad tangible, tendiendo la mano de su ejemplo y su magnanimidad a quienes lo necesitaban cerca de ella en cada momento. Si al inicio de su vida buscó el refugio en el amor, en un eros cada vez más purificado, Ayaan lo ha sabido convertir en un *ágape* ofrecido a los que sufren, los que lloran y a los perseguidos a causa de la justicia.

Gracias

En su vida, encontramos un eco del mensaje cristiano, aunque ella misma no siempre haya sido consciente de ello: el valor del sacrificio, la fidelidad a la conciencia, la búsqueda incansable de la verdad en medio de la oscuridad, la magnanimidad, el amor a todos. Su vida nos habla a cada uno de nosotros en nuestra propia búsqueda, nos reta a no conformarnos con lo que nos es dado sin cuestionarlo, a no temer al dolor como parte del crecimiento, a no desistir en el camino hacia la verdad. Nos habla a cada uno de nosotros en nuestra propia búsqueda, de nuestra historia personal de redención y de gracia. Por eso, ese legado personal es, al mismo tiempo, algo profundamente universal.

Que su testimonio nos inspire a vivir con la misma determinación, con la misma entrega y con la misma fe en que la verdad, cuando se abraza con sinceridad, ilumina incluso los senderos más oscuros. Ayaan Hirsi Ali, tu vida es un inicio de esperanza y una razón para amar más, para amar mejor.

Gracias, Ayaan.

DOS TRINCHERAS: NACIÓN *VS.* TRIBALISMO

— Ayaan Hirsi Ali —

La gran batalla por el control de la civilización occidental

Buenas tardes, damas y caballeros: Me complace estar de vuelta en Madrid. Es un privilegio participar en este foro de reflexión y discusión entre católicos, cuyo propósito es promover la unidad y subrayar el valor del mensaje cristiano en la vida pública. Celebro que mis anfitriones sean la valiente María San Gil, como directora del Congreso de Católicos y Vida Pública, y la Universidad CEU San Pablo, una de las más prestigiosas de toda España.

Hoy dos trincheras pugnan por el control de la mente occidental.

De un lado están quienes luchan por el vínculo de la nacionalidad, es decir, por la preeminencia de la soberanía nacional, de una identidad nacional compartida y de la lealtad al Estado nación. Esta última se concreta en la lealtad a la constitución y a un puñado de ideas: la igualdad ante la ley, la igualdad de derechos y obligaciones, la imparcialidad de la justicia y la presunción de inocencia. En esta trinchera, el énfasis se pone en el individuo: en sus derechos, en sus deberes, en su vida, en su libertad, en su propiedad, en su dignidad. El gobierno, cuyo poder es limitado, existe sólo para proteger estas cosas.

Del otro lado están los defensores del multiculturalismo, los pluralistas culturales o los idólatras de la diversidad. A su juicio, el Estado nación está compuesto de una miríada de grupos a los que separa la etnia, la religión, la raza, el género, el transgénero, la clase, la sexualidad o cualquier otra cosa. Sustituyen la lealtad al Estado nación por la lealtad de grupo; buscan «justicia social» para las minorías y no para los individuos; conciben la justicia menos como imparcial que como proclive o reacia a determinados colectivos. Arguyen que, mientras el sistema privilegia al hombre blanco heterosexual, discrimina al hombre negro y a otras minorías étnicas que no tuvieron nada que decir en la evolución de las estructuras y las instituciones del Estado nación occidental. Según ellos, la justicia no puede ser «ciega» y el sistema, que está contaminado, perjudica a las mujeres y a las minorías raciales y étnicas. Para procurar esta «justicia social» con todos los grupos, el Gobierno debería imponer normas, regulaciones y directivas de diversidad, equidad e inclusión a toda institución pública y privada.

A menudo se denomina globalistas a las élites occidentales.

El globalismo y el multiculturalismo son dos caras de una misma moneda. Los globalistas argumentan que, dada la interconectividad del mundo, los gobiernos deben trabajar juntos en organizaciones internacionales o supranacionales y anteponer los objetivos de interés global a los objetivos de interés nacional. Nada ilustra esto mejor que la agenda climática. Allá donde el interés nacional pugne con los objetivos globalistas, el Estado nación debe claudicar.

Cuando los partidos políticos en Occidente rehúsan someterse a la presión globalista, se los trata con desdén y se los acusa de miopía. Los globalistas conciben la identidad nacional, el interés nacional y las fronteras como atavismos, en el mejor de los casos, o como expresiones de etnocentrismo, eurocentrismo, xenofobia y racismo, en el peor. Es precisamente esto lo que el multiculturalista dice cuando busca exenciones o privilegios por esta o aquella agenda étnica o racial.

No debemos confundir a los nacionalistas del siglo XXI con sus ancestros del XX o del XIX. No son nacionalistas de barro y de sangre, sino nacionalistas constitucionales. No les preocupa el color de piel, el sexo o el género; tan sólo la aplicación uniforme y equitativa de la ley a todos los ciudadanos con independencia de sus atributos biológicos o ideológicos. Por supuesto, reconocen que la historia de muchos –casi todos– países occidentales no está a la altura de los ideales de sus constituciones vigentes: en Estados Unidos la esclavitud fue legal, se segregaba y se subyugaba a los negros, las mujeres no podían votar y la homosexualidad constituía un crimen. Pero, al tiempo, afirman que estas injusticias se han corregido y que el sistema se ha remozado. En el futuro –dicen los nacionalistas contemporáneos–, debemos cultivar menos la identidad grupal que la ciudadanía individual.

A día de hoy, la mayor parte de los líderes europeos han rechazado, explícita o implícitamente, el multiculturalismo. Por su parte, en Estados Unidos se han celebrado recientemente unas elecciones en las que votantes de diversas razas, etnias y religiones han descartado las políticas de identidad. ¿Por qué el multiculturalismo encuentra rechazo allá donde se ha aplicado? ¿Por qué lo encuentra incluso en Canadá, donde se promovió y se celebró como parte del espíritu nacional?

Casi todas las teorías son buenas sobre el papel. Sólo una pequeña parte de ellas, en cambio, funciona en la práctica porque sólo una pequeña parte de ellas tiene contacto con la realidad. La mayoría, por desgracia, soslaya las complejidades de la condición humana. El desarrollo del Estado nación moderno exigió cientos de años. Para alcanzar lo que es esencialmente un milagro en la constitución de sociedades con estabilidad política y prosperidad económica, Occidente sufrió guerras, división e iteraciones. Sólo así conseguimos nuestro sutil equilibrio entre gobernantes y gobernados, entre capital y trabajo, entre el campo y las grandes ciudades, entre hombres y mujeres, entre adultos y jóvenes, entre minorías y mayorías.

En un primer momento, la teoría multicultural prosperó como receta de futuro porque cabalgaba a lomos del movimiento de los derechos civiles. Los paladines de la diversidad transitaron hábilmente de la lucha por los derechos individuales a la promoción de los derechos tribales. Una vez se abolieron las discriminaciones y empezaron a promoverse planes de acción que mejoraran e incrementaran las oportunidades de los antiguos marginados, la teología de la diversidad se topó con un muro. Tras fundirse en el crisol nacional, los individuos de los grupos recién emancipados ya no necesitaban teorías espaciales ni programas que los ayudasen a prosperar.

Como consecuencia, los paladines del multiculturalismo —ahora diversidad— se integraron en la constelación de ideas posmodernas, marxistas y comunistas promovidas por la izquierda para desafiar la legitimidad del Estado nación. Es en el multiculturalismo y en sus dogmas donde debemos rastrear el origen de las políticas de identidad.

Creo que el multiculturalismo está suscitando rechazo, incluso hostilidad, entre los pueblos occidentales por una cuestión de mera cantidad: son muchos los grupos religiosos y étnicos que ahora demandan exenciones y privilegios. Huelga mencionar el coste financiero de tales exigencias –pagado con el dinero del contribuyente– y la arbitrariedad con la que son concedidas a algunos grupos y negadas a otros. Además, como los multiculturalistas desean una política de fronteras abiertas y una inmigración desembridada, cada vez hay más minorías y más demandas que satisfacer recurriendo al erario. Un buen ejemplo es la pluralidad de lenguas utilizadas en la sede de cualquier oficina pública.

A mi juicio, el problema radica en que, pese a las buenas intenciones de los académicos y los legisladores de hace décadas, el multiculturalismo ha trocado en tribalismo. La gente me pregunta por qué no estoy preocupada por el nacionalismo. Me pide que examine la popularidad de los movimientos de extrema derecha en Europa. Señala la reelección de Donald Trump. Los analistas más conspicuos juzgan estos fenómenos como un resurgimiento, una repetición, de las condiciones que desembocaron en el auge de Hitler y en la II Guerra Mundial.

Yo discrepo de ellos. No niego la existencia de nacionalistas de barro y sangre en Europa y en otros lugares expuestos al supremacismo blanco. Pero sí afirmo, primero, su marginalidad y, segundo, su nula repercusión política, social y cultural en el siglo XXI.

En mi opinión, las amenazas que se ciernen sobre la civilización occidental son las siguientes:

1. Persiguiendo la diversidad, nuestras sociedades se encaminan al tribalismo. Proliferan los grupos identitarios que no profesan lealtad alguna al país al que llaman hogar. Se evaporan los valores comunes y se fragmentan las identidades. Se racializan y se *etnifican* las cuestiones políticas. De la economía a la inmigración, del clima a la política internacional, todo se considera desde esta perspectiva, sobre todo tras el 7 de octubre de 2023.

2. El abuso burocrático de unos pocos sirve para oprimir a los muchos. En los últimos tiempos, hemos presenciado atenazadoras constricciones a la libertad y el resurgimiento de un racismo «válido» y «legítimo» contra los blancos y contra los judíos en nombre de la justicia social.

3. El abandono del cristianismo y la proliferación de pseudo-religiones concebidas como iguales al cristianismo, en el mejor de los casos, o como superiores a él, en el peor.

4. La atracción por ideas quiméricas y por ídolos de toda clase: la tesis de que hay múltiples géneros nos brinda un ejemplo inmejorable.

5. La incapacidad de sublevarse contra las ideas subversivas que se infiltran en los colegios y en otros centros de enseñanza. Expuestos a teorías que niegan la existencia de una verdad objetiva o de una moral superior, los alumnos no aprenden la diferencia entre bien y mal, entre verdad y mentira. El islam radical se expande a lo largo de Occidente a través de personas que afirman sin remilgos su voluntad de conquistarlo mediante el asentamiento, el reemplazo demográfico y la *dawah*. Con los dogmas multiculturales vigentes, esta tendencia es irreversible. Cualquier debate sobre el tema es acallado en nombre de la tolerancia y bajo acusaciones de islamofobia.

6. En la universidad, el desarrollo de narrativas reemplaza a la búsqueda de la verdad.
7. Puesto que la búsqueda de la excelencia se desdeña como enemiga de la diversidad, los estándares de calidad decaen cada año y eventualmente desparecerán.
8. La aversión a la responsabilidad: se motejan de racistas los criterios para medir y proteger la responsabilidad. Según la ideología dominante, conllevan la exclusión de los grupos marginados y, en consecuencia, no pueden sino rechazarse. Esto es apenas el preámbulo de formas más sórdidas de corrupción.
9. El declive del discurso cívico, con personas que se repliegan en sus variopintas cámaras de eco por miedo al estigma, a la cancelación o a algo peor.
10. El debilitamiento de la defensa nacional y el colapso del ánimo popular. Las acometidas de potencias como China, Rusia e Irán, que odian Occidente, no despiertan a Occidente de su letargo moral, político y económico.

¿Qué debemos hacer? ¿Cómo podemos revertir la situación?

1. Debemos rechazar el multiculturalismo. Aunque el término ya se haya desdeñado, las políticas multiculturales, lejos de abolirse, apenas se han rebautizado.
2. Debemos abrazar el nacionalismo cívico que se concreta en las constituciones –escritas o no– de Occidente.
3. Debemos restaurar un cristianismo confiado y enérgico. Las iglesias deben suspender su *aggiornamento* y recuperar el verdadero mensaje, las verdaderas enseñanzas, de Cristo. Los colegios, las universidades, deben reconocer su papel de promotores del *ethos* cristiano, origen último de las instituciones que forjaron Occidente.
4. Debemos revertir el declive demográfico. Que el matrimonio y la familia sean atractivos, también factibles, para los jóvenes.
5. Ninguno de estos cambios se producirá si no nos movilizamos para alcanzar una mayoría atronadora.

Hoy los nacionalistas constitucionales europeos –ya sean cristianos, liberales o conservadores– deben encontrar inspiración, también esperanza, en el resultado de las elecciones americanas. Los promotores de la diversidad y de las políticas identitarias, reunidos en el Partido Demócrata, creían que podrían aferrarse al poder. Perdieron. ¡Es la hora del entusiasmo!

Que Dios les bendiga.

PARTE II

PRESENTACIÓN DE MONS. JOSÉ IGNACIO MUNILLA

— Francisco Serrano Oceja —

CUANDO, HACE UNOS DÍAS, LE DIJE A UN amigo que hoy tendría que presentar a un obispo, él me replicó: «¡Eso para ti no es problema! Pero ¿a qué obispo vas a presentar?». «He ahí la cuestión, precisamente. A monseñor José Ignacio Munilla», respondí. «Pero si a don José Ignacio le conoce todo el mundo», me espetó. «Pues ese es mi problema», le añadí yo. No dudo que a don José Ignacio le conozca todo el mundo porque ejerce su ministerio más allá de los límites geográficos de su diócesis. Su ministerio está presente en ese inmenso continente de los nuevos medios, que es el de las redes sociales, el de las plataformas de *streaming*, el de la globalización tecnológica, el universo red. Un signo de nuestro tiempo y para nuestro tiempo que, en la clave de lo que diría la *Inter mirifica* del Concilio Vaticano II, siguiendo la tradición teológica de san Ireneo, forma parte de la maravillosa creación de Dios, del *in fieri* de la creación. Pues ahí está don José Ignacio, como vocación y como misión. Un obispo persuasivo donde los haya.

Presento a un obispo al que, en palabras de mi amigo, «le conoce todo el mundo». A su servicio en tres diócesis (la actual, Orihuela-Alicante, y antes San Sebastián y Palencia) se añade un incesante quehacer en Radio María, las ondas para la comunión con Dios y con la Santísima Virgen María. Del ministerio episcopal de don José Ignacio sólo diré que ninguno de sus destinos hasta el momento han sido huesos fáciles de roer, por causa diversas, distintas y distantes, que no voy a especificar. Sin embargo, en cada uno de ellos, en cada circunstancia, ha sabido estar presente de forma silenciosa, como esa semilla que da fruto, que no mete ruido, que va creciendo poco a poco hasta convertirse en un robusto árbol de referencia en medio del bosque. En cierto sentido podría decir que don José Ignacio ha ido ejerciendo su ministerio entre dificultades, en contextos complejos, en perspectiva de superación y de progreso de determinadas dinámicas de la historia, en perspectiva de Evangelio profético, por qué no decirlo. Me atrevería a decir, con cierta soltura y no poca insensatez, que el actual destino en Orihuela-Alicante es para don José Ignacio una balsa de aceite. Aunque esto no quita la necesaria tensión evangelizadora que ya se le está notando.

Por último, quisiera señalar dos detalles quizá menos conocidos por el público general. En 2005, tras algunos años, la Asociación Católica de Propagandistas (ACdP) volvió a organizar ejercicios espirituales en un lugar emblemático, el Santuario de Loyola. Los dirigió el entonces párroco de Zumárraga, o sea, don José Ignacio Munilla. ¡Todavía recuerdo las anécdotas que nos contaba don José Ignacio en sus meditaciones! Las podría reproducir hoy, aquí, casi literalmente. Cuando monseñor Munilla habla, marca con esa «parresía» propia de los apóstoles.

En segundo lugar, ignoro si el papa Francisco llamó a monseñor José Ignacio Munilla durante la redacción de su última encíclica, *Dilexit nos*. Sospecho que no sé. La propuesta del Papa

Francisco —el corazón de Cristo, el amor de Cristo para nuestra vida— es la premisa sobre la que se asienta el lema episcopal de don José Ignacio y la raíz última de su ministerio: «En ti confío». Amar y confiar. Es precisamente esto —ayudarnos a amar a Cristo y a confiar en Él— lo que hace nuestro obispo, a quien le cedo entusiasmado la palabra.

RECUPERAR LA CRUZ

– Mons. José Ignacio Munilla –

Tengo que confesaros algo. Mientras hablaba Francisco, he reparado en un descuido embarazoso. He olvidado en el tren mis notas para esta intervención. El Señor es así. Me he dicho «no será verdad; no puede ser cierto». Pues así es. Las he dejado en el tren y me he dado cuenta ahora, rebuscando en mi mochila. Gracias a Dios, tengo en el ordenador un breve esquema del que me serviré. (¡Menos mal que no me he dejado el ordenador! Si uno lo pierde, tiene que *resetear* su vida).

Voy a centrar mi reflexión en el lema de este vigésimo sexto Congreso de Católicos y Vida Pública: *Quo vadis? Pensar y actuar en tiempos de incertidumbre.* Sin lugar a duda, la expresión *quo vadis* se utiliza en el momento actual como recurso lingüístico para subrayar la desorientación de nuestra cultura. Hemos perdido el oremus, como se dice popularmente; o sea, que vamos como pollos sin cabeza. Esto es —está claro— lo que se quiere expresar con el lema elegido si atendemos al manifiesto que lo explica: «Existe un sentimiento de desmoralización que es la consecuencia de una cierta impotencia ante el avance y la imposición sistemática de una nueva sociedad, de un desorden social, que nunca ha sido ni explicado ni votado, sino que, por el contrario, ha sido silenciado».

La expresión, que nos permite preguntarnos qué pensar y cómo actuar en estos tiempos de incertidumbre, tiene un sentido original que, según creo, puede iluminar nuestra reflexión. Tal y como cuenta el evangelio apócrifo de los Hechos de Pedro, el apóstol, en plena persecución contra los cristianos en Roma, decide abandonar la ciudad. En su camino se cruza con Cristo, que andaba en sentido contrario, hacia Roma, cargando la cruz. Pedro, perplejo, le pregunta: «*Quo vadis, Domine?*» («¿adónde vas, Señor?»). Y Él responde: «*Roman vado, iterum crucifigi*» («voy hacia Roma para ser crucificado de nuevo»). Pedro, desconcertado, decide regresar a Roma. La aparición de Jesús le desvela la verdad sobre sí mismo; desenmascara su cobardía: estaba huyendo y se avergüenza. Vuelve a su ministerio para ser martirizado. He aquí el sentido original de la expresión *quo vadis*. Es una advertencia contra la tentación de huir de la cruz.

Esta es la idea sobre la que quiero asentar mi reflexión. Nos han convocado aquí para reflexionar sobre la crisis imperante. La clave está en que, en estos tiempos de incertidumbre cultural, antropológica, política, eclesial, espiritual en la que estamos inmersos, descubramos la sabiduría de la cruz de Cristo. Mi tesis es que rehuimos la cruz y que deberíamos hacer como Pedro: regresar para abrazarla con todas las consecuencias. No alberguemos la vana esperanza de que bastan la denuncia y la alternancia política. La crisis es tan profunda, tan radical, que nos exige un cambio de cosmovisión: de enemigos de la cruz a pueblo de la cruz. Nos obliga a una nueva conversión. «Si no os convertís, todos pereceréis», dice Jesús en el Evangelio, en una de esas frases poco simpáticas que hoy acostumbramos a silenciar.

Una característica de esta crisis es que el pensamiento mundano se ha infiltrado en todos, tirios y troyanos, en el que habla, claro, en los que estáis escuchando, también. Para afrontar la situación, se requiere, por tanto, no una mera denuncia, no una mera alternancia política. Se requiere un movimiento de conversos deseosos de seguir al Jesús crucificado. Como nos demuestra la historia de la Iglesia, sólo una renovación de santidad puede clausurar la crisis. Por lo que insisto: el mal principal de nuestro tiempo es que nos hemos enemistado con la cruz. Todo lo demás se da por añadidura, como consecuencia. Trataré de demostrarlo en los próximos minutos.

En Filipenses 3, 18-19 leemos: «Porque muchos viven, según os dije tantas veces –y ahora os lo repito con lágrimas-, como enemigos de la cruz de Cristo, cuyo final es la perdición. Para estos, su Dios es el vientre; su gloria, lo vergonzoso; y su apetencia, lo terreno. Pero nosotros somos ciudadanos del cielo, de donde esperamos como Salvador al Señor Jesucristo». Me dispongo a desgranar, como en un decálogo, una serie de realidades prácticas, concretísimas, para probar que el problema de fondo radica en nuestra enemistad con la cruz.

El primer ejemplo concreto es el materialismo capitalista: creo que el consumismo, que intenta llenar el vacío interior del hombre, es enemigo de la cruz. En el corazón del hombre se abre un vacío tan grande, unas ansias de infinito tan acuciantes, que sólo puede saciarlas Dios. Sabemos que el consumismo no nos da la felicidad, pero al menos anestesia el deseo por unos instantes. El paquete de Amazon como analgésico, el pedido de Glovo como narcótico. En la secuencia de Pentecostés, que deberíamos recordar, se dice: «Mira el vacío del hombre si Tú le faltas por dentro, mira el poder del pecado cuando no envías tu aliento». El materialismo capitalista, el consumismo, es enemigo de la cruz. Le exime a uno de la incómoda tarea de sondear su vacío interior y le brinda sucedáneos para aliviar la angustia.

En segundo lugar, querría mencionar una peculiar forma de ocio: el alcohol, las drogas, el sexo... La búsqueda, en definitiva, de un placer desligado de la felicidad. La contradicción con la cruz es evidente. Aunque él lo ignore, quien bebe, quien se droga, quien traspasa la puerta de un prostíbulo está buscando a Dios, como decía Chesterton. Su problema es que se ha enemistado con la cruz. Se ha internado en un callejón sin salida, en un laberinto de compensaciones que nunca le darán la plenitud que ansía. Busca en vano. Para encontrar a Dios hay que seguir la cruz, donde Él reina glorioso.

En tercer lugar, el socialismo, como todos los movimientos reivindicativos, es enemigo de la cruz. Se funda, a mi juicio, en el olvido del pecado, que corrompe al hombre y sus supuestos ideales de justicia. Sus principios son la tumba de los pueblos; su ideología, una apelación a la irresponsabilidad y a la molicie. Se trata de esperar a que «papá Estado» solucione todos nuestros problemas.

En cuarto lugar, la ideología de género, el *lobby* LGTB, etc. Esta nueva antropología que proponen los poderosos es enemiga de la cruz, pues eleva el deseo a la categoría de ley, de norma suprema. Su pecado consiste en entronizar la herida. Subvierte el orden natural consagrando las heridas como derechos, transfigurándolas en pulmones. Pero las heridas no son ni derechos ni pulmones; no respiramos por ellas. Rehuyendo la cruz, nos precipitamos en un pozo de autodestrucción.

En quinto lugar —¡aquí no se libra nadie!—, la secularización de la misma Iglesia. Nuestra enemistad con la cruz se concreta en una bendición de los valores del mundo. Nos seduce la tentación camaleónica. Nos mimetizamos con el paisaje dominante, evitamos todo cuanto suena confrontador. En nombre del espíritu evangélico (¡qué Evangelio habrán leído!), hemos degradado el cristianismo a una asimilación. Olvidamos así que Cristo no fue un conciliador de pluralismos, sino la Verdad, y que se opuso a fariseos, escribas, saduceos... «¡Ay, cuando todos los hombres hablen bien de vosotros!». Estas palabras de Jesús acusan al cristianismo socialmente aplaudido, al cristianismo secular, que es enemigo de la cruz. «Si la sal se desvirtúa, ¿con qué se salará?».

En sexto lugar, los principios pedagógicos de nuestro tiempo, impuestos en los planes educativos, son enemigos de la cruz. Se han desdeñado el sacrificio, se ha repudiado el esfuerzo, se ha descartado el dominio de sí. A los pocos años de ordenarme sacerdote, se estrenó *El club de los poetas muertos*. La película me indignó. Era un canto a la impulsividad, a la espontaneidad, una síntesis de los principios pedagógicos a los que me refiero. «Como se aplique esta película –pensé–, va a haber una catástrofe educativa». Cada vez que visito un colegio, de hecho, formulo siempre una pregunta: «¿Quién me dice la diferencia entre *quiero* y *me apetece?*». Suele ser reveladora: los alumnos apenas logran distinguirlos.

En séptimo lugar, la vivencia de la mayoría de las relaciones afectivas. Prospera la aversión al compromiso, el miedo a la aventura. Olvidamos que el amor se escribe con tinta roja, que la palabra «caridad» está teñida de la sangre de Cristo en la cruz. Las relaciones afectivas contemporáneas, que pretenden evitar el sufrimiento, terminan multiplicándolo.

En octavo lugar, mencionaré el paradigma digital. Recuerdo ahora al padre Mendizábal, que dijo en cierta ocasión una frase que yo repito a menudo. Él, por supuesto, no era un hombre de gran cultura digital, pero sí de gran sabiduría: «Las nuevas tecnologías son un buen siervo, pero un malísimo señor». Utilizamos las nuevas tecnologías como niñeras de compañía, como encubridoras de nuestro vacío interior, como burbujas para evadirnos de la realidad. Nada más distinto a la cruz.

En noveno lugar, la nueva era, que nos propone una felicidad divorciada de la santidad. Se sustituye a Dios por la ataraxia, a Dios por la felicidad. Pero este reemplazo sólo engendra frustración. Sin la causa, que es Dios, no hay efecto, que es la felicidad, como tampoco hay gloria sin la cruz.

En décimo lugar, nuestra visión de la agonía. Convencidos de la incompatibilidad del sufrimiento con la dignidad humana, hemos terminado reivindicando el derecho al suicidio. Reacios a la tribulación, nos hemos proclamado soberanos de la vida y de la muerte.

Si alguno piensa que esta gran crisis puede resolverse con una mera crítica, apenas con alternancia política, debe perder toda esperanza. La crisis ha alcanzado nuestro tuétano, ha penetrado en nuestra alma. Los grandes males –lo recuerda el refrán– exigen grandes remedios. Si el gran mal de nuestro tiempo es el rechazo de la cruz, el único remedio posible es su adoración. Amar la cruz por amor a Jesús. Debemos ser alumnos de la escuela de la cruz. La fe cristiana nos abre a la revelación para que acojamos la sabiduría de la cruz, para que la abracemos decididamente, y comprobemos luego que empapa todas las dimensiones de la vida. Recuerden, por ejemplo, aquella reacción carnal, furiosamente humana, de Pedro cuando Jesús le anuncia la cruz: «Eso no te va a suceder a ti; a ti no te sucederá eso».

Impresiona la corrección de Jesús: «Apártate de mí, Satanás». Jesús educó a los suyos en la escuela de la cruz. Este mundo sufre muchísimo porque no quiere sufrir, porque se resiste a abrazar la cruz de Cristo. Hay una saetilla carmelitana que reza: «Lleva la cruz abrazada y apenas la sentirás, porque la cruz arrastrada es la cruz que pesa más». La cuestión no es si sufrir o no sufrir. ¡Todos sufrimos! La clave es si sufrimos con sentido o sufrimos sin sentido; es ahí donde se alza la frontera determinante de la vida. San Josemaría también afirma: «Cuando de verdad ames la cruz, tu cruz será una cruz sin cruz». La conversión del cristiano es una conversión a la sabiduría de la cruz. Dios se ha abajado a padecer el mal para vencerlo desde dentro. En una inaudita inversión lógica, Él ha trocado el mal en remedio del mal, el sufrimiento en gloria de los sufridores. En la cruz se revela el amor divino. En uno de sus libros, san Juan Pablo II dice que, sin la agonía de la cruz, la verdad de que Dios es amor aún requeriría demostración. La cruz es la cátedra del amor; Jesús nos enseña a amar clavado al madero.

A veces, por desgracia, optamos por una espiritualidad pascual, indiferente a la pasión. Pero ¿cómo soslayar el misterio de la pasión y la muerte de Cristo? Sería soslayar el Evangelio mismo: «Si el grano de trigo no cae en tierra y muere, allí queda, él solo; pero si muere, da mucho fruto», «quien quiera salvar su vida la perderá, pero quien pierda su vida por mí la encontrará», «el siervo no es más que su señor. Si a mí me han perseguido, también os perseguirán a vosotros». Sin duda alguna, el corazón del relato de los Evangelios es la pasión de Cristo, narrada con mucho detalle, al contrario que el resto de los episodios.

El cristiano converso es especialmente sensible a la verdad de que la gloria exige la cruz. Desconfía de los caminos triunfalistas, de los mesianismos políticos y culturales que no consideran la cruz de Cristo. También de los que ubican el problema en el mal ajeno y se despreocupan de la conversión de cada uno. Cuando asumamos nuestra condición de alumnos de la cruz de Cristo, nos daremos cuenta de que el dilema entre cruz y felicidad es falso. La cruz es condición de la felicidad. La cruz nos lleva a la gloria y la gloria es, precisamente, la felicidad plena.

El manifiesto de esta vigésimo sexta edición del Congreso de Católicos y Vida Pública concluye apelando a la transfiguración del catolicismo social en una minoría creativa capaz de revertir la tendencia de esta crisis. Lo celebro. Pero sólo definiendo el mal podremos determinar el remedio. Durante mi intervención, he querido subrayar que el mal es nuestra enemistad con la cruz de Cristo y que el remedio es abrazarla. El reino de Dios abraza, pero desde la cruz. Chesterton, un hombre sabio, lo sabía.

Regreso ahora al inicio: Pedro huye de Roma y, perplejo, se topa con Jesús, que camina en dirección contraria con la cruz a cuestas. Le pregunta *«quo vadis, Domine?»* y Él responde *«roman vado iterum crucifigi»* («vuelvo a Roma para ser crucificado de nuevo»). Imposible obviar la semejanza con la conversación evangélica: «¡Lejos de ti tal cosa, Señor! Eso no puede pasarte», dice Pedro. «Ponte detrás de mí, Satanás. Eres para mí piedra de tropiezo, porque tú piensas como los hombres, no como Dios». No debe sorprendernos, por tanto, que Pedro volviese a Roma y abrazase –literalmente– su cruz. La Iglesia replicó a la decadencia de Roma entregándose al martirio. De idéntico modo, nosotros habremos de replicar a la decadencia de Occidente predicando el evangelio de la cruz. «Si a mí me han perseguido, también os perseguirán a vosotros». Hemos de asumirlo. Muchas veces ignoramos la cruz de Cristo porque deseamos rehuir la persecución. Pero es un deseo estéril. Roma no paga a traidores.

La cruz es gloriosa a condición de que la abracemos. De no hacerlo, la viviremos en cambio como opresiva, atenazadora. Amando nuestra cruz podemos llegar a percibirla como rebosante de gloria. Solamente a la luz de la pasión podemos discernir tantísimas cosas cuyo discernimiento no podemos posponer. El Evangelio ilumina nuestra época y la tarea que esta demanda de nosotros. Sólo con una mirada purificada por la Buena Noticia, sólo en un estado permanente de conversión, sólo negándonos todos los días a nosotros mismos, podemos los católicos participar fecundamente de la vida pública. De no hacerlo, sucumbiremos a la mundanidad, que acartonará nuestro ímpetu.

Quizá constatéis ahora, queridos hermanos, que mi discurso ha sido apenas una repetición enfática: *quo vadis?* Es un lema tan hermoso como significativo. Nos conmina a volver a lo esencial, a lo sustancial, a nuestra condición de discípulos de Cristo. Los que aprendimos el catecismo de verdad, con preguntas y respuestas, lo tenemos claro. «¿Eres cristiano?».

«Soy cristiano por la gracia de Dios». «¿Qué quiere decir "cristiano"?». «Quiere decir discípulo de Cristo». «¿Cuál es la señal del cristiano?». «La señal del cristiano es la santa cruz». Creo que nuestra época, como todas, demanda un regreso al origen. Deseo de corazón que este congreso –cómo no agradecer especialmente vuestro esfuerzo, tras 26 años– dé fruto abundante y propicie, en esta hora grave de la historia, iniciativas de renovación y de conversión interior.

DIÁLOGO

Francisco J. Serrano: Muchas gracias, don José Ignacio. Me piden que haga dos preguntas. Formulo la primera: ¿cómo hacer atractiva la cruz? ¿Con qué lenguajes, con qué formas? ¿Cómo aprovechar el potencial atractivo de la cruz?

Don José Ignacio Munilla: Creo que el género testimonial es importante. Cuando alguien que ha arrostrado una gran crisis da testimonio, el amor a la cruz resplandece. Esta semana he visitado a los chicos del cenáculo. Después de haber consagrado parte de su tiempo a huir de la cruz, la han abrazado. Lo mismo tenemos que hacer todos. Cuando amamos la cruz, deviene ligera. Jesús dice: «Venid a mí todos los que estéis fatigados y sobrecargados (...) porque mi yugo es suave y mi carga es ligera». No niega la palabra «yugo». Podría haber negado que lo suyo sea yugo; podría haberlo llamado «plumita». Pero no. Dice «yugo». Jesús no pretende edulcorar las dificultades, sino conferirles un sentido. Cuando abrazamos la cruz, reparamos en su naturaleza liberadora. Quien tiene un problema con la bebida, quien supone que sin ella no puede afrontar la existencia, puede abrazar su cruz y dejar de beber: todo se antojará entonces más llevadero que antes. Es una ley que rige todo. Creo que la experiencia, los ejemplos pedestres que se nos puedan ocurrir, es muy fecunda. El Maligno, que desea nuestro mal, pretende engañarnos: «no vas a poder», «no vas a ser capaz», «desengáñate». Son los *logismoi* de los que hablaron los padres de la Iglesia: pensamientos obsesivos, desesperanzadores, que el demonio quiere inocular en nuestra alma. Pero la respuesta está en los mismos padres de la Iglesia: «Yo no soy nada, pero todo lo puedo en Aquel que me reconforta. Dios me dará su gracia». Ellos hablan del método antitético: si el demonio me recuerda mi insuficiencia, yo he de recordarle a él la suficiencia de la Palabra. Hay que aceptar el combate, abrazar la cruz. Por eso el testimonio es tan importante, tan iluminador. Cuando uno va a un cenáculo, sale de allí con el ánimo revitalizado.

Francisco J. Serrano: Don José Ignacio, una cosa es recordar la cruz, reconciliarnos con ella, y otra cosa es adoptar la mentalidad del cruzado. ¿Es esta última deseable hoy?

Don José Ignacio Munilla: Supongo que habrá que definir esa *mentalidad de cruzado*. Es una palabra que suele tener una connotación negativa. Quizá sea así porque está contaminada por un relato, por una leyenda negra. No deberíamos creernos un cruzado que camina sólo por el mundo. No somos autosuficientes. Dios desea que compartamos en comunión nuestro deseo de comunión. Hoy vemos con claridad que Él nos da su gracia a través de mediaciones. Entre todos somos uno, el Cuerpo Místico de Cristo. Hay a nuestro alrededor ejemplos de santidad que nos inspiran. No somos cruzados que empuñan la espada y vencen por su sola fuerza al mundo. Somos, al contrario, cruzados que, gozosamente conocedores de su debilidad, se saben dependientes de los demás y de la gracia de Cristo. Somos al tiempo aprendices y maestros, discípulos y apóstoles. La humildad es el único antídoto contra la insuficiencia.

Francisco J. Serrano: ¿No cree que la cruz se predica ahora poco en la Iglesia?

Don José Ignacio Munilla: Creo que sí. Prolifera, de hecho, una predicación secularizada del cristianismo que presenta el Evangelio como un conjunto de enseñanzas sapienciales. Y, aunque en efecto las contenga, esta interpretación traiciona su espíritu. El núcleo del Evangelio no es una doctrina moral, sino la redención: Dios se ha encarnado y ha entregado su vida para redimirnos, para liberarnos de una esclavitud opresiva. La esencia del Evangelio es la encarnación, la muerte, la resurrección de Cristo y el envío del Espíritu Santo. Jesús no era un hombre sabio, sino la Sabiduría. No predicaba verdades; Él mismo es la verdad. El cristianismo no es un moralismo, sino una fe.

PARTE III

PRESENTACIÓN DE FABRICE HADJADJ

– Elio A. Gallego García –

¿Qué alimenta el alma y el corazón? A esta pregunta se podría responder así: lo que alimenta el alma y el corazón es la sustancia de las cosas. El hombre vive de algo que está fuera de él y que le alimenta y sostiene, y lo mismo que le sucede a su estómago le sucede a su intelecto, que necesita alimentarse de la sustancia de las cosas para vivir y crecer. Así pues, la razón humana se alimenta de la verdad de las cosas. Y son esas mismas cosas en su verdad las que le conducen a Dios como a su fuente. Con razón pudo afirmar santo Tomás de Aquino a este respecto que no son las cosas las que apartan de Dios, sino el modo insipiente (e insípido) de hablar de ellas. Pero lo mismo cabe decir en positivo. Por eso, aun en el supuesto de que Hadjadj no se hubiera propuesto acercarnos a Dios, no dejaría de hacerlo por un imperativo lógico: porque cuando se habla de un modo sapiente (y sabroso) de las cosas, estas nos conducen necesariamente a Dios. Y este es el caso de quien tenemos el placer de presentar hoy. Por el contrario, una mirada extrínseca a lo real siempre nos deja fuera de las cosas y nos hace perder la comunión con ellas, con aquello sagrado que nos emparenta con lo real y nos hace partícipes de un mundo común. Pues una mirada insipiente, en suma, supone una pérdida del ser, un oscurecimiento de la luz de las cosas.

Un oscurecimiento del ser perfectamente descrito por el poeta griego Odysseus Elytis:

> Trajeron libros llenos de términos y
> de cifras, trajeron la
> Omnipotencia y la Omniobediencia;
> de ese modo, el Experto,
> El Colonizador y el Geómetra
> Domesticaron el fuego ancestral.

Todas estas consideraciones vienen a cuento porque considero que Hadjadj ha venido a liberar, con su palabra, el fuego ancestral. Y aunque a él no le guste la imagen, la percepción que tengo de él es la de un soldado en posición de combate. Pues, como profetizaba Chesterton, «llegará el día en que será preciso desenvainar una espada para afirmar que el pasto es verde». Y no cabe duda de que ese día ha llegado. Pero con un matiz importante: aún más fundamental que afirmar la verdad de las cosas, es afirmar las cosas en su verdad.

Pero ¿qué es ese fuego ancestral que los sofistas de nuestro tiempo intentan domesticar y Hadjadj intenta liberar? El fuego ancestral es la fundación divina que descansa en el interior de todas las cosas. Es la mano de Dios creando el mundo en un poderoso e incesante presente continuo. El fuego ancestral es la vida, la vida concreta y real, la vida de las personas y del mundo, y de ahí el imperativo de «liberar la vida», esa vida que sale de las manos de Dios y que surge al impulso de su amor. Como dice san Pablo en su Epístola a los romanos, «la creación, expectante, está aguardando la manifestación de los hijos de Dios».

Y hay que decir que Fabrice Hadjadj lo hace en la mejor tradición literaria francesa del siglo XX, es decir, en la de Péguy, Léon Bloy, Bernanos y Claudel, entre otros. Porque con todos ellos uno aprende qué es el cristianismo. «Porque, ¿qué es al fin y al cabo el cristianismo?», se pregunta nuestro autor. Y responde: «Contemplar los lirios del campo, comer del trabajo de las propias manos, cantar un cántico viejo y nuevo, con la esposa como una viña fecunda, con los hijos como brotes de olivo en torno a la mesa; permanecer unidos en la doctrina del amor; perseverar en la comunión fraterna, en la fracción del pan y en las oraciones. Cosas muy sencillas, pero que exigen para protegerlas la sangre de los mártires. Es decir, de los testigos». Se trata del párrafo final extraído de una conferencia suya que lleva por título *La suerte de vivir en nuestro tiempo* y que, de hecho, ha inspirado el título de este Congreso de Católicos y Vida Pública.

Dejaríamos lo más esencial por decir si no señaláramos que a juicio de Hadjadj la respuesta al nihilismo contemporáneo que amenaza con consumirnos a todos está en el Apocalipsis. Hadjadj se adhiere al cultivo del espíritu apocalíptico, pero del verdadero Apocalipsis, que es siempre revelador, y no de sus torpes y falsas imitaciones. Como señala René Girard, «el espíritu apocalíptico no tiene nada de nihilista: es el único capaz de comprender el impulso hacia lo peor en el marco de una esperanza muy honda». Así pues, y como buen cristiano, Hadjadj está más allá de toda miopía optimista o pesimista. Hadjadj simplemente se halla, y nos sitúa a todos, en el pórtico de la segunda virtud, es decir, en el umbral de la esperanza.

Es por todo ello que le damos la más cordial bienvenida.

EL RETO DE VIVIR EN ESTE TIEMPO

—Fabrice Hadjadj —

1. Lo que nos toca vivir aquí, ahora, es un reto. Quiero decir que el reto no debe ser solamente el tema de mi intervención, sino también su forma. En efecto, no sabría contentarme con hablar sobre el reto: mi palabra ha de ser un reto. Pero ¿quién soy yo? ¿El que reta o el que es retado?

Es evidente, yo soy en primer lugar el que es retado. Se me ha pedido que les diga algo a ustedes sobre «El reto de vivir en este tiempo». Me he dado al reto de escuchar y responder a esta petición, de abordar lo que caracteriza nuestro tiempo como un desafío. Pero hay otra cuestión: si me han llamado a mí, es en razón de lo que he podido decir sobre esta cuestión. He escrito un librito a partir de una conferencia que di en Roma y que, traducida, ha obtenido una cierta repercusión en España. El librito se titula *La suerte de haber nacido en nuestro tiempo*. Se me reclama ahora, pues, variando un poco los términos: *El reto de vivir en nuestro tiempo*. Y, *voilà*, he aquí el drama del autor: lo convertimos en especialista, le pedimos que se repita y, por lo tanto, que se mate a sí mismo públicamente en cuanto autor. Su pensamiento es llevado a la esterilidad. En el momento mismo en que es aplaudido, se estanca, se reduce a eslóganes que debe martillear sin cesar. Se convierte en un mal actor de sí mismo. Antes reflexionaba; ahora recita; mañana prodigará recetas.

Tal es, pues, el reto que me ha sido dado: abordar la misma pregunta con una actualidad nueva, sin dormirme en los laureles de volver a decir las mismas cosas; no satisfacerme con reordenar las cosas ya dichas, no quedarme, como muchos de nosotros, en el «copiar-pegar», en una combinatoria, en esa triquiñuela que consiste en no escuchar más, en monetizarse sin fin.

¿Cuántos de nosotros nos hemos convertido en inteligencias artificiales antes de la llegada de la inteligencia artificial? ¿Cuántos, debido a su éxito y a las expectativas que ha suscitado, se han limitado a recomponer la base de datos de una única obra original? Este es, pues, el motivo por el que he de bendecir los *chatbots*, que podrán hacer eso mejor que yo en el porvenir, y que me obligan, desde hoy, a no ser menos que un ordenador, a tomar la palabra, y a tomarla un domingo, después del sermón.

2. Pero es aquí donde el reto se vuelve contra nosotros. ¿Tenemos verdaderas ganas de escuchar una palabra? ¿Para qué sirven estos congresos? ¿Acaso se trata de una tertulia entre universitarios, entre miembros de una élite, para luego volver a casa, feliz de ser más conocido por el público? ¿Vamos a articular, una vez más, *en la teoría*, cómo debería ser la relación entre *católicos* y *vida pública*, con el fin de lograr para sí una buena conciencia, de procurarse la impresión, a través de un bello discurso, de que se está contribuyendo al bien común, mientras que otros están levantando verdaderas paladas de barro?

El título general de este congreso exige algo más que un congreso universitario. Implica una interpelación personal, si bien está expresada en latín: *Quo vadis?* «¿A dónde vas?» Y no: «¿A dónde va el mundo?» Con la pregunta «¿a dónde va el mundo?», uno sigue siendo espectador, y puede contentarse con un lamento. Con la pregunta «¿a dónde vas?» ya no se trata del mundo, sino de ti, de ti y de mí, de una verdad que nos exige y que tal vez nos acuse, como aquella que viene a buscar a Adán justo después de su pecado (Gn 3,9): *Ubi es?* «¿Dónde estás?».

La pregunta de saber adónde vas, adónde voy, sigue sin ser la más importante. Esta mañana, cada uno de nosotros puede haberla respondido con bastante facilidad: «Voy al Congreso de *Católicos y Vida Pública*». En seguida podríamos haber escuchado la réplica: «¿Y para hacer qué?» Aquel de quien basta saber a dónde va sin necesidad de que se le hagan otras preguntas es lo que hoy es llamado un «líder». Lidera, como el pájaro en cabeza de un escuadrón de estorninos. Él va, sólo hay que seguirle. Pero ¿qué hombre es suficientemente clarividente y sabio como para ser un puro líder, uno que sabe hacerse seguir y no tiene nada ni a nadie a quién seguir? Hoy en día, si bien se habla mucho de *leadership*, no nos preguntamos si acaso pudiera tratarse de un liderazgo del vacío, del choque, en que el líder puede sin problema decir a dónde va, sin saber —o incluso a veces sabiendo— que va directo contra la pared. Uno que declare «voy al Congreso de Católicos y Vida Pública», ¿no merecería que su mujer le replicara «y por qué no te has quedado más bien en casa»?

Nada más legítimo. En cuanto se sabe adónde va uno, a no ser que este uno sea un dios, conviene preguntarse si se trata de un buen destino. Si ir a este congreso es, para ti, para mí, ir hacia el bien que nos conviene. O incluso, para decirlo sin rodeos, mediante un atajo abrupto: si esta conferencia que estás escuchando te va a acercar al martirio...

3. Es lo que sugiere el gran título de la pancarta, para quien sepa leerlo. Retoma el título de la novela cuya acción se desarrolla en tiempos de Nerón, durante la primera gran persecución cristiana. Mas esta novela ha tomado su título de un apócrifo de finales del siglo dos, *Hechos de Pedro*.

En el capítulo XXXV una mujer de la nobleza romana convertida al cristianismo descubre que su marido planea con el César la muerte del apóstol. Como buena política, con el apoyo de otros fieles, exhorta al apóstol a que salga de Roma: «¿No seremos acaso unos desertores?», se inquieta Pedro. «No

—le responden sus hermanos—; es para que puedas seguir sirviendo al Señor, predicando en otros lugares».

Pedro se resuelve a desaparecer de Roma. Y he aquí que tiene una aparición. Apenas ha salido por la puerta de la ciudad, se cruza con Jesús a punto de entrar por la misma, pero en la otra dirección. Pedro le pregunta: *Quo vadis, Domine?* En este pasaje, la pregunta «¿a dónde vas?» se dirige, no a nosotros, sino al Señor, porque sólo con Él esta pregunta cobra un giro decisivo. Y Cristo responde: *Romam eo iterum crucifigi* («voy a Roma para ser de nuevo crucificado»). Pedro comprende el reproche y da media vuelta. Lo importante para él no es saber a dónde va, sino saber a dónde va Cristo, pues su vocación es seguirle, y seguirle hasta el final.

Los organizadores de este congreso han elegido remitirnos implícitamente a esta historia. Nos proponen dar media vuelta e ir a que nos crucifiquen con Cristo, con coraje, cual conquistadores del único Reino verdadero. Sin duda, si me creo ciertos textos del Siglo de Oro, se trata de un proyecto bien conforme al «humor español». España, en aquella época en que el reto de vivir ya existía, inventó una forma teatral que mezclaba tragedia y comedia, lo noble y lo vulgar, pasado, presente y futuro, porque tenía el apetito de poseer en una sola visión dramática el espacio y el tiempo. En su obra *Arte nuevo de hacer comedias en este tiempo*, Lope de Vega escribe:

> ... la cólera
> de un español sentado no se templa
> si no le representan en dos horas
> hasta el Final Juïcio desde el Génesis...

Voilà, he aquí el desafío. No sólo tomar la palabra, sino seguir la Palabra del Génesis hasta el Juicio Final. Si me creo lo que decimos justo antes de recibir el Santo Sacramento, basta que una palabra sea dicha, una sola, para que todo sea transfigurado: «Una palabra tuya bastará para sanar mi alma». Pero nos da miedo esa sanación del alma. Queremos sin duda la curación del cuerpo, no la del alma, porque sería en nosotros el despertar de una vida en la justicia y el amor y, por lo tanto, del testimonio en la verdad hasta llegar a ofrecer la propia vida. Tener el alma sanada es aceptar tener el cuerpo magullado en el martirio. ¿Quién de nosotros, pues, puede escuchar esta palabra?

David el Menor y el gigante filisteo

Un reto no es un desafío cualquiera. En su uso primero, la palabra se refiere a un duelo. Un reto es una cuestión, si no de honor, al menos de vida o muerte. Y lo primero que experimentamos ante él es la emoción menos confesable: el miedo. No tanto el miedo de morir como el miedo de vivir, el miedo de vivir a la altura del desafío, el miedo de mantener nuestra reputación de ser vivo, porque *retar* viene del latín *reputare*.

La conciencia judía y cristiana nos remite a un reto muy célebre. En el capítulo diecisiete del primer libro de Samuel, la palabra hebrea *khafar* aparece cuatro veces. Es su mayor concentración en la Biblia. El leccionario católico español lo traduce tanto por *desafiar* (17,10) como por *retar* (17,25) o por *insultar* (17,26 y 36). Sirve para nombrar el momento en que el gigante filisteo, Goliat de Gat, se presenta delante de los ejércitos de Israel, todo envuelto en bronce: casco, coraza, armadura, lanza y sable de una talla y un peso excepcionales. Parece una máquina de guerra más que un soldado. Y propone un duelo en lugar de la batalla.

Las palabras que emplea son muy significativas. No están exentas de una intención profética las que le atribuye el autor: «Hoy he avergonzado a los batallones de Israel con mi desafío. Dadme un hombre, para luchar cuerpo a cuerpo» (17,10). La expresión «cuerpo a cuerpo» hace justicia al sentido de lo que se reclama: un abrazo con el enemigo. El término hebreo es muy fuerte: hay que luchar *yakhad*, adverbio derivado de *ekhad,* «uno», de la misma manera que se dice que el Señor es *Uno*, o que el hombre se unirá a su mujer para ser *una sola* carne. Hay que imaginarse la querella del muy poderoso coloso como un abrazo de muerte de la misma manera que existe un abrazo de amor.

De ahí el miedo: «Cuando Saúl y todo Israel oyeron las palabras del filisteo, quedaron consternados y con mucho miedo» (17,11). ¿Qué es lo que tanto temen Saúl e Israel, a fin de cuentas? La fuerza del gigante, sin duda. El reto del filisteo permite entrever algo más profundo.

Goliat con su lanza se parece a Diógenes con su lámpara. Diógenes en pleno día decía a los transeúntes: «Busco un hombre». Goliat ante los guerreros de Israel dice: «Busco un hombre». El reto consiste en presentar lo que parece más común: un ser humano, simplemente un humano. Pero, entre tantas tropas en orden de batalla, entre tantos congresistas reunidos en el anfiteatro, no hay ni uno solo.

Aparece de pronto el joven David, enviado por su padre para llevarles la comida a sus *tres mayores*, sus hermanos, que forman parte del ejército de Saúl, pero que no osan enfrentarse al filisteo. Es el *menor* el que va a responder al reto; no un guerrero, sino un pastorcillo que apacienta *las ovejas de su padre*.

Se podría ver en esto una declinación o más bien una matriz de los temas clásicos: el débil supera al fuerte, la afirmación de la contingencia y de la providencia, la piedrecilla lanzada que derriba al coloso de pies de barro. En verdad, leyendo el texto, se percibe que las cuentas de Goliat se resuelven rápidamente. Cierto, la imagen de la honda y de la piedra entre los dos ojos ocupa la parte frontal de la escena, pero consigue cegarnos: perdemos de vista el plano trasero que ilumina.

En la parte frontal de la escena, David enuncia que el *reto* no es en primer lugar una cuestión de armamento: «Tú vienes contra mí con espada, lanza y jabalina. En cambio, yo voy contra ti en nombre del Señor del universo, Dios de los escuadrones de

Israel al que has insultado – retado». Es como si David se hubiese tomado a Goliat al pie de la letra: pedía un hombre. El gigante se refería con eso a un *macho* tan cachas como él, pero David se presenta como mero hijo que toma la palabra, como *hombre* mortal que porta el *Nombre* eterno.

Recuérdese que Saúl le propuso que tomara su armadura y que David la rechazó, pues no lograba caminar con ella. ¿Qué quiere decir este rechazo de la armadura, sino que Israel ya tenía en cabeza a un gigante armado como Goliat? Ese gigante es el mismo Saúl. En el primer libro de Samuel aparece que les «sacaba una cabeza a todos los hijos de Israel» (1 Sm, 9,2).

Si el comienzo de Samuel nos habla así, ¿qué se nos descubre al término de esta investigación policiaca que es siempre la Biblia, al final del segundo libro de Samuel? Otra tradición: la victoria contra Goliat de Gat ya no es atribuida a David, sino a uno de sus valientes, otro de Belén: Eljanán, hijo de Yaír.

En fin, la victoria sobre Goliat en realidad no es tal: debería haber producido la sumisión de los filisteos, según los términos del duelo, si el gigante era vencido. Sin embargo, siguieron acosando a Israel. Lo cual nos lleva a pasar de la parte frontal de la escena al plano trasero, e incluso entre bastidores. El gran mal no está tanto fuera, en el gigante que bastaría con abatir, sino dentro, en las disposiciones del corazón.

La intrepidez del joven pastor que antaño protegía los corderos de su padre de las fauces de osos y leones no solamente pone de relieve el miedo de los israelitas. Revela las divisiones en el seno mismo de la familia. Eliab, su hermano mayor, en cuanto ve al pequeño David en el campo e inquiriendo sobre la situación, se enfada con él y le acusa de soberbia, persuadido de que su lugar no está entre los soldados: «Se enardeció de ira contra David y le dijo: «¿A qué has venido aquí y a quién has confiado aquel pequeño rebaño en el desierto? Conozco tu arrogancia y la malicia de tu corazón. Bajaste a ver la batalla» (17,28). El que esté dispuesto a enfrentarse con el gran enemigo debe antes enfrentarse con su hermano mayor.

Apenas el *menor* ha probado la legitimidad de su presencia abatiendo al filisteo, la envidia de Saúl emerge. Como prometió, le concede la mano de su hija, Mikal, a David, pero será para rastrear a su yerno e intentar matarlo. El que ha vencido al gigante Goliat debe combatir contra el gigante Saúl. Así, el verdadero combate se juega en el interior, en el campo propio.

A su hermano mayor Eliab, que le regaña, David le da esta impresionante respuesta: Pero ¿qué he hecho yo ahora? Una simple pregunta» (17,29). Lo que puede traducirse más literalmente: «¿Es que ya no se puede hablar?». Es la palabra *dabar* la que se encuentra al frente de esta respuesta. En hebreo, significa a la vez «palabra» y «acontecimiento». En el hombre, como ser de palabra que es, no conviene oponer la palabra y los actos como a veces lo hacemos. Es la palabra degradada, mentirosa o mecánica la que se muestra contraria a la acción. Hablar en verdad coincide con nuestro actuar más humano y profundo, como cuando le decimos a alguien, sinceramente, *gracias* o *perdón*.

4. A propósito de esta cuestión es preciso marcar una diferencia entre la fe judía y la visión griega. El *dabar* judío une el hablar y el actuar; el *logos* griego une el hablar y el pensar. El *logos* griego afronta un horizonte metafísico. El *dabar* judío apela a una relación ética.

A este respecto, yo puedo pensar bien y actuar mal, pero en tal caso no he tomado verdaderamente la palabra, porque no respondo a la llamada del

Dios bueno y misericordioso. En tal caso, mi palabra es verdadera en el orden lógico, pero falsa en el orden de la responsabilidad personal. Es adecuación al ser, mas no es alianza con el otro.

Por supuesto, no se trata de una oposición de contrariedad. El uno y el otro no se sitúan en el mismo plano. La fuerza de la teología católica ha sido la de retomar el *logos* griego en el *dabar* judío, la de reconducir el *logos* como razón del ser al *logos* como Hijo del Padre. Lo que intento señalar aquí es la posibilidad de que un dicho pierda el decir, de un acusativo que olvida la primacía del vocativo, de una teoría del uno que rechaza la escucha del otro y pretende ser totalizante, creyendo para ver en un presente perfecto, en vez de ver para creer en un porvenir radical: palabra ideológica, que dice y contradice a la vez, que define para circunscribir y no para sacralizar. Palabra que pierde la voz y que busca una comunicación eficaz y anónima, como un contagio. Porque las mismas tres consonantes que forman la palabra, «D», «V», «R», pueden vocalizarse no por *dabar*, sino por *deber*, lo que ya no significa palabra, sino peste.

5. Quizá algunos de ustedes me pregunten: «¿Por qué comentar con tanto detenimiento el Antiguo Testamento? ¿No es exactamente eso caer en la misma pedantería que denuncia Cervantes en su prólogo al *Quijote*, cuando dice: «Si nombráis algún gigante en vuestro libro, hacedle que sea el gigante Golías, y con solo esto, que os costará casi nada, tenéis una grande anotación...»? ¡Ha partido usted de la palabra «reto» y se ha ido a buscar la palabra *reto* en la Biblia, como un licenciado de antaño! ¡En cambio, nosotros esperamos de usted que analice nuestro tiempo, sus desafíos políticos y sociales y el papel del cristiano en medio de todo esto que nos rodea! ¡Ni siquiera ha hablado usted de ecología!». Quizá algunos me hagan este reproche, como Eliab. Y yo podría responderles como David: «¿Es que ya no se puede hablar?».

Lo que quiero decir con esto es que no deberíamos equivocarnos de reto. Mi tema es: *El reto de vivir en este tiempo.* ¿De dónde viene el reto? ¿Es acaso el r*eto de este tiempo* o el *reto de vivir*? ¿Qué acabamos de aprender? Sin duda, está el reto de Goliat, el reto lanzado por el tiempo: «dadme un hombre», es decir, un macho gigante que pueda rivalizar a la escala de los valores mundanos. Y he aquí que tenemos miedo. Buscamos gigantes entre nosotros, y sólo encontramos o bien gigantes de menor talla, con armas menos poderosas, o bien verdaderos gigantes muy poderosos, pero que bien podrían pasarse al enemigo. La cosa es que nos dejamos llevar al terreno del adversario. Nos fascina el reto del tiempo y olvidamos el reto del Eterno. Olvidamos el simple reto de vivir. Leemos los periódicos y negligimos la Biblia. Es comprensible: la Biblia no es una lectura; es la clave de lectura de los acontecimientos. Su trascendencia es también su debilidad. Es menos excitante que las *news*. Sin embargo, es ella la que nos permite justamente tomar altura y responder a los acontecimientos sin reducirlos a la interpretación periodística ni arrastrarlos a las normas impuestas por nuestro tiempo, que ya no es un siglo de oro, sino de silicona o de cobalto.

Hay que escuchar la demanda del tiempo: «Dadme un hombre», alguien capaz de estar a la altura del desafío. Pero no hay que entenderlo a partir de las definiciones del momento. Hay que entenderlo a partir del misterio revelado. No el de buscar un hombre en el sentido de una *macho alfa* o un *macho beta*, sino un *hombre del Nombre*, un *pastor de palabra*, alguien que adivine –si se me permite hablar como Lorca– que el duende es más esencial que el cálculo.

EL GOLIAT DE NUESTRO TIEMPO

6. No he de justificarme por leer con ustedes la Biblia. Debería más bien justificarme por demorar la descripción del Goliat de nuestro tiempo. De todos modos, voy a intentar hacerlo. Pensar sobre este tiempo supone discernir lo que distingue a este tiempo de los que lo preceden, y más especialmente –porque es el lugar de mayor confusión– del que lo precede inmediatamente, a saber, la modernidad.

El sustantivo «modernidad» viene del latín *modernus*, que significa «reciente». Su principio básico es simple: lo reciente es mejor que lo antiguo. Lo que no implica necesariamente que el hoy sea mejor que el ayer –los modernistas eran astutos–, sino que el mañana será mejor que el hoy. De hecho, si usted afirmase simplemente, como prueba de la verdad moderna, que el hoy es mejor que el ayer, ofrecería una posibilidad de verificación e introduciría la duda. En algunos puntos, con toda evidencia, hay cosas menos buenas, incluso peores: los campos de exterminio del Tercer Reich, la bomba atómica de Nagasaki, o la devastación industrial del medioambiente... En cambio, si usted afirma que el mañana será mejor que el hoy o —mejor aún— que el mañana será mejor que el ayer, la proposición se vuelve infalsificable. Se trata, en efecto, de comparar lo que ya no es con lo que todavía no es. Podrá usted entonces conjugar el revisionismo con el optimismo: repintar lo que ya no es más negro de lo que era, y pintar lo que aún no es más rosa de lo que será.

La modernidad proviene de la cristiandad. El modernismo es un mesianismo sin trascendencia. Es la revelación judeocristiana la que ha aderezado la salida de una visión naturalista, cíclica, de la evolución de las sociedades, y la entrada de una visión histórica, magnetizada por su porvenir. El advenimiento del don de la Ley y de la Encarnación divide el tiempo en un antes y un después irreversibles. Esta flecha de la historia, sin embargo, no se manifiesta como un progreso unívoco. Como en la parábola del trigo y la cizaña, se trata de un doble crecimiento del bien y del mal hasta una conflagración final.

El modernismo renuncia a ver tanto lo mejor como lo peor. Se presente como un progresismo lineal o dialéctico, que desemboca necesariamente en el crecimiento del trigo y la desaparición de la cizaña, hasta una época completamente pacificada. En esto se presentaba a sí mismo como humanista y racionalista.

Pero este modernismo ha muerto. Eso dice mucho de los retos que todavía planteaba ayer. Algunos de entre nosotros se esfuerzan en combatirlo, sin grandes éxitos, convirtiéndose en sus cómplices o cayendo en una violencia contraria. Pues he aquí que se ha derrumbado por sí mismo, como el imperio babilonio.

7. Los más absurdos son los que lo combaten todavía, sin comprender que hemos entrado en otra era. Se han preparado para un combate de boxeo, mientras que han sido convocados a una prueba de natación. Ya no se trata de derribar al adversario en el ring, sino de nadar en una sociedad líquida. Goliat se ha hecho tan blando, que el canto que se incrusta entre sus dos ojos parece volver al río.

Nuestros apologistas de última hora se cansan mostrando que la fe es compatible con la razón, mientras que ya no se cree en la razón; o que el Espíritu de Dios es favorable al sexo, mientras que ya no se cree en el sexo. Muestran que el cristianismo es un humanismo, mientras que estamos en el tiempo del poshumanismo, el cual adopta diversas formas –transhumanista, animalista, islamista–, según se deserte de lo humano, prefiriendo en su lugar el robot, la bestia o un dios aplastante; según se delegue la propia responsabilidad en un algoritmo, un instinto o un código religioso que no reclama nada más que nuestra sumisión.

Europa tiende hoy a constitucionalizar el aborto y la eutanasia, a ignorar tanto sus raíces griegas y latinas como sus alas judías y cristianas, a revisar la historia colonial como una condenación que mete en el mismo saco al conquistador y al misionero. Si bien muchos se imaginan que esas reivindicaciones posmodernas están todavía ligadas a la afirmación de la libertad individual, en realidad emanan de la muerte del deseo. Muchos imaginan que se fundamentan aún en la creencia de un progreso «societal», pero en realidad corresponden a la agitación de la desesperación. Los discursos de la emancipación son el eco de voces muertas hace ya mucho tiempo. Lo que queda es la huida en las adicciones.

La posmodernidad rechaza la fórmula moderna de que «el mañana será mejor que el hoy». Está fácilmente convencida de que mañana será peor. La fórmula es ahora: «Ya nada va. Que cada uno se divierta a su guisa». Ya no hay creencia en un mundo mejor. Hay dispersión en el metaverso.

8. En la época progresista, los católicos tenían motivos para criticar su tiempo, en la medida en que se trataba de contrabalancear el optimismo ambiental. Hoy en día, decir que todo va mal, que la sociedad se descompone, que el honor y la memoria se pierden es ir en la misma dirección que el pesimismo reinante. ¿Hay, pues, que ser optimista?

¡Dios nos libre! La esperanza teologal se opone de la misma manera al optimismo que al pesimismo. El pesimismo no va tan lejos en la conciencia del mal, ni el optimismo en la conciencia del bien. La esperanza posee el sentido de una miseria tan horrible de la que nada, salvo la misericordia divina, nos puede sacar. Posee el sentido de una bondad tan divina que sigue siendo el fondo del ser y de que Dios da siempre a su criatura la posibilidad de abrir un camino en el callejón sin salida: un camino vertical.

No hay que dejarse seducir por el Goliat de nuestro tiempo, como tampoco hay que luchar contra él con sus armas. Lo hemos visto en el libro de Samuel: la victoria contra un enemigo que sólo fuese exterior se tornaría rápidamente en guerra civil, el hermano mayor contra el menor, Saúl contra David, prefigurando el gran cisma, Israel contra Judá. Al emplear la expresión «guerra civil», soy consciente de qué impacto puede tener en el espíritu de un español. Su gran pregunta es esta: «¿Cómo hemos podido caer en tal guerra fratricida?». La respuesta bíblica es la siguiente: «Porque no hemos entrado suficientemente en el combate interior, espiritual, porque no hemos comprendido que esta adversidad estaba en primer lugar para que cada uno de nosotros experimentase, para que se nos manifestase, para nuestro tiempo, el rostro del ser humano...» Porque no existe aquí abajo ninguna victoria definitiva. Sólo hay anunciaciones. Siempre está desheredada la aurora. Nunca dejará la noche de volver a caer más sombría. Pero otras auroras se levantan a través de aquellos que responden al reto vuelto a lanzar sin cesar de vivir.

Hablando así, buscando asir el *entonces* de este tiempo, retomo casi palabra por palabra lo que dijo María Zambrano es su texto de 1977 *La experiencia de la historia*. Allí distingue ella la historia apócrifa y la historia verdadera, la historia de Goliat con su manera de entender el reto, y la historia de David con su manera de responder al mismo. Se trata siempre de desbrozar lo verdadero que se esconde en lo apócrifo, de revelar de nuevo el misterio del hombre en medio de los programas que pretenden absorberlo: «Los momentos históricos —escribe María Zambrano— se señalan en realidad por la reaparición decisiva y por la necesidad inevitable de correr a esa presencia reveladora del ser humano aún no realizada y siempre a punto de nacer. A cada racimo de generaciones, si no a cada generación, se presenta, bajo una forma u otra, su "momento histórico", en el cual esa cosa llega y actualiza todos los que han tenido lugar anteriormente».

9. Tal es el reto, hoy como ayer, aunque diferente del de ayer, porque, como ayer, el reto no tiene precedente, pues cada momento histórico apela a una revelación renovada de lo humano en su drama trascendente: la aparición de un David sobre el

campo de batalla en el que no estaba prevista, porque en medio del desastre no aporta la solución, sino el deseo, porque viene con lo que es más nuevo que toda innovación: la afirmación del Eterno.

Cada uno de nosotros llega con su egocentrismo. Por la gracia, ese egocentrismo se transforma en misión irremplazable. Mi subjetividad me sitúa *como* el centro del mundo y como la cumbre de las generaciones. En tanto que cosa objetiva, no soy nada; en tanto que sujeto, es todo el drama de la historia el que se vuelve a jugar a través de mí, y que busca un desenlace en los altercados aparentemente minúsculos de mi día a día.

¿Estaré a la altura del reto de la esperanza? ¿Acaso voy yo, como David, a poner mi granito de sal y mi granito de arena en la máquina, a hacer una brecha en la pantalla, a comparecer de suerte que se pueda decir, bajo las ridiculizaciones del mundo, pero ante el amor de Dios, «he aquí el hombre»?

Desde el momento en que el aborto aparece como un derecho, toda mujer que acepte llevar una vida en su vientre es una Juana de Arco. Desde el momento en que los ordenadores aparecen como los gestores de nuestra existencia, todo hombre que elija emplear sus manos en el trabajo y unirlas para la oración es un Isidro Labrador. En la medida en que el asfalto cubre la tierra, la menor brizna de mala hierba aparece como un milagro de la vida. En la medida en que las tinieblas se extienden, el más mínimo destello irrumpe como una aurora. Cuanto más se impone Goliat, tanto más el menor tipejo –incluso grosero– que acepte seguir siendo humano hace aparecer algo divino.

10. Frente al *reto de la red*, por ejemplo, podemos quejarnos, tener miedo de la creciente empresa de la inteligencia artificial, esperar al *gigante* que pueda vencer los *molinos de gigabits*. Los educadores deploran que sus alumnos utilicen *chatGPT* y se preguntan cómo hacer frente a la ofensiva con la armadura de Saúl. Instauran protocolos, utilizan ellos mismos programas informáticos para verificar que la disertación no venga de un «copia-pega» sofisticado. Tal es el futuro de la escuela cuando respondemos al reto según los términos del Filisteo: exámenes hechos por máquinas y verificados por máquinas, mientras que los alumnos y profesores hacen como si todavía estuvieran estudiando juntos, cuando en realidad la clase se ha convertido en nada más que en una insoportable guardería.

Pero he aquí que viene el pequeño David ¡con su *pregunta*! ¿Qué ocurre entonces? Intenta comprender por qué el estudiante no quiere estudiar. No obstante, *studio*, en latín, significa *yo amo*. Imaginen un enamorado que tuviera una cita con su amada y que enviase un robot en su lugar. Hay motivos para preguntarse por qué el estudiante envía robots en lugar de asistir él mismo. ¿No será precisamente porque lo que le pedimos no es a él mismo, sino algo, una representación impersonal, que podría hacer cualquiera, o cualquier cosa, en su lugar?

Saúl tiene miedo de la inteligencia artificial, tan eficaz en sus cálculos. David reconoce en ella la ocasión para identificar mejor la esencia de la inteligencia humana, menos calculadora que contemplativa, menos pragmática que dramática, menos competente que apetente, es decir, amorosa. *ChatGPT* no es el bulldozer que devasta el colegio, sino la escombrera que recoge les restos de un edificio que ya estaba desde hace tiempo carcomido por dentro. Desde hace tiempo la ciencia se había desligado de la sabiduría, y la enseñanza se había desencarnado: ya no se trataba de cuestiones de vida o muerte, ni de llamadas que comprometieran el espíritu con la carne, sino de la gestión de datos en vista a una explotación comercial.

El reto del *gigante Gigabits* es el de pasar del miedo a la prueba de lo que somos y a la revelación de lo más simple, como el narrador al final de *Mecanópolis*, el breve y célebre cuento de Miguel de Unamuno. Después de su horrible estancia en la ciudad habitada —o más bien amueblada— exclusivamente por máquinas, se sobrecoge al encontrarse un simple rostro, el de un extranjero en medio del desierto: «Llegué a la tienda de unos beduinos y, al encontrarme con uno de ellos, le abracé llorando. ¡Y qué bien nos entendimos aun sin entendernos! Me dieron de comer, me agasajaron, y a la noche salí con ellos, y tendidos en el suelo, mirando al cielo estrellado, oramos juntos. No había máquina alguna en derredor nuestro».

El reto permanente de vivir

11. Durante los tiempos modernos, puesto que la modernidad desviaba ideas que venían de la cristiandad, podíamos tener la pretensión de defender los valores cristianos sin hablar de Cristo. Los católicos en la vida pública se dedicaban sin cesar

a ese proceder desleal. Hacían contrabando para equiparar el fraude de sus adversarios. Predicaban la moral sin predicar la esperanza, reclamaban la acción recta sin señalar la diana, querían que la custodia siguiera puliéndose sin que fuese necesario creer en la hostia consagrada. A Dios gracias, esos tiempos rindieron su último aliento. Ya no se trata de granjearse los favores de los humanistas ateos. Se trata de seguir siendo humanos en la hora en la que Europa desespera de lo humano, y eso, a partir de ahora, sólo es posible si nos volvemos hacia el Dios hecho hombre, y judío, y lector de la Biblia, y carpintero (el Verbo podría haberse hecho informático, pero declaró a todos los siglos por venir: «Mi Padre es el viñador, yo soy la Viña». Y trabajó la madera hasta que fuera la madera la que le trabajara a él, quiso que su gesto y su gesta se situaran en la compañía de los árboles, en el ejemplo de la fructificación del don y no de la gestión de datos).

Es más, basta una calamidad para desvelar la ilusión ideológica o tecnológica y percibir que nos hemos vuelto tan desamparados como nuestros antepasados: un corte de corriente, una pandemia, lluvias diluvianas... Con las inundaciones hemos llegado al estiaje de la humanidad. El asfalto de construcción se convierte en el canal de torrentes devastadores. Los parkings subterráneos se convierten en lugares propicios para el ahogamiento. Los smartphones, enterrados en el barro. En esta denudación del horror, ¿qué queda sino los gestos más simples, más humanos, los más divinos? Retirar los cuerpos, rezar por las almas, llorar con los que lloran, dar de comer a los que tienen hambre, vestir a los que están desnudos...

Pero no sólo está el acontecimiento de la muerte. También está el acontecimiento de la vida. La alegría misma nos hace gritar hacia el Salvador, más esencialmente aún. No es sólo que el recién nacido esté acostado en el pesebre, destinado a sufrir y a morir. Es que su venida al mundo es un misterio, la afirmación de lo imposible, de lo que en el mundo no es del mundo, pero lo trasciende y justifica.

12. Desde el origen, y en todos los tiempos, la vida es un reto. Desde el origen nada en el universo la justifica. ¿Por qué surge, pues, mientras que no le está asegurada la longevidad del mineral? ¿Por qué ese insecto, la efímera, que padece y perece, mientras que la piedra se mantiene en una perfecta impasibilidad? Es verdad que la efímera

hace que la luz baile, así porque sí, sin ningún motivo, un breve instante gratuito, de ese tipo de gratuidad que parece absurda si nos creemos que la esencia de la vida es la conservación de sí mismo y que, en cambio, aparece como con gracia si se reconoce que su esencia es ofrenda.

Ofrenda ¿a qué?, ¿a quién?, ¿en vista de qué gloria? Desde el primer protozoo la vida es un sueño. Desde el punto de vista astrofísico aparece como un riesgo en pura pérdida. No tiene más sentido que metafísico y sacrificial. En las menores células sueña con un más allá. Un soneto de Quevedo ilustra ese reto «del divertido vivir». Parece que sólo exprime su vanidad, pero esa vanidad presupone un deseo en sufrimiento:

> Vivir es caminar breve jornada,
> y muerte viva es, Lico, nuestra vida, ayer al frágil cuerpo amanecida,
> cada instante en el cuerpo sepultada.

> [...] Como el que divertido el mar navega, y sin moverse vuela con el viento,
> y antes que piense en acercarse, llega.

La vida parece vana sólo a partir de una verdad medio percibida, la de una virtud que excede las condiciones fisicoquímicas del universo. Atraca en el puerto de la muerte antes de pensar en ello, porque es *como* aquel *divertido*: pero ¿por qué ese *divertido*?

¿Qué *convertido* sugiere? ¿Por qué ese *sueño del sentido*, el sueño de ese «nada que, siendo, es poco, y será nada», como dice también Quevedo, y que a pesar de todo parece esperar contra toda esperanza? Ese sueño es «sueñal», señal que apunta hacia una realidad transcendente, que atraviesa el mundo empírico, buscando el sentido de toda sensación, porque ¿por qué sentir, por qué, en el universo, la aparición de tantos seres sensibles y carentes de sentido?

13. Existe un punto de inflexión extremo en el cual cuanto está sumergido por la miseria aparece de repente como un milagro. Si nos creemos las leyes fisicoquímicas, la vida no tiene ninguna razón suficiente de ser. Es una aberración. Y sin embargo está ahí, como si no hubiese escuchado su condenación de antemano, de tal forma que su razón excede toda razón utilitaria o inmanente.

Se comienza, pues, viendo la muerte que desafía a la vida, pero, tan pronto como triunfa lo inerte, tan pronto como pretende tener la primera y la última palabra, las cosas se vuelven del revés, el *divertido* se convierte en *convertido*, porque entonces uno se pregunta: ¿por qué esta gratuidad de la vida, esta profusión de formas distintas y vulnerables, que no tienen miedo a exponerse? Es entonces la vida la que reta a la muerte y se presenta al natural como un don cuasi sobrenatural. Entonces se muestra el *sueñal*, el *sueño vital*, que también es llamado Amor, hijo de Penía y Poros, vástago de la impotencia y el ingenio, a la vez irrisorio y prodigioso, ciego e ingenioso.

Ya he mencionado a aquel a quien Miguel de Cervantes llama justamente *Fénix de los ingenios y Monstruo de Naturaleza*, e insinué desde el principio que *el reto de vivir y el arte nuevo de hacer comedias... en este tiempo* no están desvinculados. La comedia española supo enturbiar las fronteras bien definidas del teatro pagano. El teatro pagano opone el estilo grotesco de la comedia y el estilo noble de la tragedia; la comedia de Lope de Vega inventa la mezcla tragicómica, no como un bastardo del paganismo, sino como un hijo legítimo de la fe católica, porque, según esta fe, el Verbo se ha hecho carne, lo sublime se ha hecho popular, el Altísimo, muy bajo (José Bergamín lo ha subrayado innumerables veces).

14. La tragedia de los griegos trata del debate con el destino y su comedia, de las ridiculeces del vicio; la comedia de los españoles procede de la afirmación del amor frente a la muerte, lo que la convierte a la vez en lírica y grotesca. En *El caballero de Olmedo*, doña Leonor dice a doña Inés: «Necia y atrevida estás». A lo que doña Inés responde: «¿Cuándo el amor no lo fue?». Es la enamorada y desmelenada Laurencia la que, en la *Comedia famosa de Fuente Ovejuna*, impele a la población a sublevarse contra el poderoso comendador, que se arroga un supuesto derecho de casamiento. Ella es David frente a Goliat, y más aún frente a los suyos, que tiemblan de miedo:

> Liebres cobardes nacisteis; bárbaros sois, no españoles.
> Gallinas, ¡vuestras mujeres sufrís que otros hombres gocen! Poneos ruecas en la cinta.
> ¿Para qué os ceñís estoques?

¡Vive Dios, que he de trazar que solas mujeres cobren
la honra de estos tiranos,
la sangre de estos traidores...

En Orfeo, el marido más firme, Lope no cesa de modular el tema, no tanto del amor frente a la muerte como del amor fuerte como la muerte, del amor que hace morir para resucitar con el otro, retando así a la muerte física, porque el alma del amante ya ha sido ofrecida, y se encuentra más en el ser amado que en su propio cuerpo, abocado a procesos siempre tambaleantes, extáticos y payasescos, hasta el punto de que el teatro debe desdoblar a la persona en dos personajes, el caballero y su vasallo, Quijote y Sancho, Orfeo y Fabio, poniendo en juego la bisagra de la Palabra que se da y de la carne que se encabrita:

FABIO: Camino del infierno, ¡quién dijera que fuera con la vida un peregrino!

ORFEO: Peregrino de amor, de amor profundo, me ha de llamar eternamente el mundo.

FABIO:	Que no se halle una venta, con ser cierto que aquesta senda va a su llama eterna! ¡Que no haya un bodegón en este puerto, una carnicería, una taberna! [...]
ORFEO:	Aquí me aguarda, y dame el instrumento, que ya la puerta de diamante veo.
FABIO:	Pues ¿ya me dejas solo?
ORFEO:	Sólo intento que llegue a lo imposible mi deseo.

Orfeo no podrá hacer volver a Eurídice de los infiernos. Su amor de hombre es impotente. Aspira a una gracia que no se puede dar a sí mismo. La vida, desde su nacimiento, no sólo parece destinada a morir: aparece cuando en realidad jamás debiera haber existido. Y hela aquí, sin embargo, retando a la muerte, intentando lo imposible, porque la clave no es un éxito mundano, sino la simplicidad del vivir, es decir, de darse de nuevo en la simple pregunta del joven David.

EPILOGO

– José Masip Marzá–

Vicepresidente de la Asociación Católica de Propagandistas

Este libro recoge las tres ponencias marco que marcaron el vigésimo sexto Congreso Católicos y Vida Pública. Pero antes, y a modo de epílogo me gustaría hacer un breve análisis de todo cuanto fue dicho congreso.

En primer lugar, quiero agradecer a todos aquellos que sin su compromiso y colaboración no hubiera sido posible el congreso. Muy especialmente al Espíritu Santo, que sin duda iluminó a todos los presentes e impregnó Su Gracia para que el congreso fuera a la mayor gloria del Señor. A todas aquellas personas que desde su inicio han hecho posibles estos congresos, Alfonso Coronel de Palma, como inspirador de estos y a todos los que lo han dirigido durante estos veinticinco años: Alfonso Bullón de Mendoza, Carla Diez de Rivera, Francisco Serrano, Rafael Ortega, Rafael

Sánchez Saus y cómo no, a la codirectora de este último vigésimo sexto congreso, María San Gil. Al comité organizador, que durante semanas ha venido trabajando para hacer realidad este congreso. A su coordinadora y secretaria ejecutiva, Ana Iglesias, por su constante esfuerzo en tener todas las cosas al día. A todos los trabajadores que han estado día a día colaborando (medios, voluntarios, personal administrativo y de servicios, etc.). A todos los ponentes, que con un mayor o menor protagonismo han intervenido en el mismo, todos ellos han sido muy importantes para el éxito del congreso. A todas las asociaciones, movimientos, y demás realidades católicas, comprometidas en divulgar el mensaje de Cristo. De forma muy especial mi agradecimiento a los jóvenes, que se han volcado con el congreso; son ellos ya el presente de una sociedad que más que nunca los necesita. Por último, no menos importantes, o más si cabe, nuestros consejeros espirituales, encabezados por Mons. Fidel Herráez y Mons. Bernardito Auza, Nuncio de Su Santidad en España, siempre tan cercano con el Congreso y que tuvo la deferencia, como siempre, de inaugurar nuestro Congreso, el Congreso de los católicos.

Las tres ponencias centrales del Congreso, que se recogen en este libro, retratan la situación del catolicismo en España y en el mundo:

La primera ponencia de la escritora y activista Ayaan Hirsi Alí, que nos presentó Patricia Santos, resaltó la importancia actual de los principios y valores que desde siempre han impregnado a Occidente, de forma muy especial el cristianismo, así como el riesgo de perder esos valores, lo que significaría la decadencia de la sociedad actual, forjada en la familia y en ese humanismo cristiano que la inspira y sustenta.

> Los colegios, las universidades, deben reconocer su papel de promotores del ethos cristiano, origen último de las instituciones que forjaron Occidente.

La ponencia central del sábado, presentada por Francisco Serrano, fue impartida por el obispo de Orihuela-Alicante, Mons. José Ignacio Munilla, quien resaltó el peligro de la deriva de una sociedad más acomodada en sus actitudes y la importancia que tenía la cruz, como elemento de salvación y camino a seguir.

Quo Vadis? es un lema tan hermoso como significativo; nos conmina a volver a lo esencial, a lo sustancial, a nuestra condición de discípulos de Cristo.

Por último, la ponencia de clausura fue impartida por el filósofo francés Fabrice Hadjadj, presentado por Elio Gallego; volvió a incidir en los peligros actuales de las sociedades occidentales, haciendo un repaso de momentos de la historia del cristianismo, donde lo pequeño, pero con principios y valores, puede imponerse a situaciones que de inicio podían parecer más poderosas.

No hay que dejarse seducir por el Goliat de nuestro tiempo, como tampoco hay que luchar contra él con sus armas; lo hemos visto en el libro de Samuel.

Pero el congreso no se quedó solo en las ponencias recogidas en este libro. Tras el acto inaugural presidido por Alfonso Bullón de Mendoza, Mons. Bernardito Auza, Mons. Fidel Herráez, Marcelino Oreja, María San Gil y un servidor, se procedió a la lectura del manifiesto del congreso, poniendo de relieve la importancia que tiene que los católicos y en especial los laicos tomemos conciencia del papel que nos corresponde. Tras la ponencia inaugural, hubo una mesa redonda, donde distintos movimientos laicos expusieron sus actividades y sus servicios al Señor, mesa que estuvo moderada por Carmen Fernández de la Cigoña y en la que intervinieron, Enrique Arroyo, Ludi Medina, Miguel Marcos, Francisco Ramírez y Segundo Tejada, otros muchos movimientos representados en el congreso pudieron expresar sus opiniones en el coloquio que se suscitó posteriormente. El día terminó con celebración de la Santa Misa, a la que asistieron gran cantidad de fieles.

El sábado por la mañana, tras la Santa Misa, se inició con la ponencia anteriormente citada de Mons. José Ignacio Munilla, a la que prosiguió la mesa redonda moderada por Pablo Velasco, en la que pudimos escuchar a Ana Iris Simón y a Jorge Freire, quienes pudieron contar cómo actúan desde la libertad en los medios de comunicación, expresando sus ideas cristianas y los problemas que les puede ocasionar algunas veces. Tras el almuerzo de rigor, se pudo visualizar la película *Valientes* de Andrés Garrigó.

La tarde del sábado la dedicamos a los «misioneros digitales». Una primera mesa presentada por Diego de Julián en dialogo con Luis García; seguidamente, y moderada por Macarena Torres, se celebró un encuentro con Carla Restoy, Carlos Taracena e Irene Alonso. Todos ellos pudieron expresar la importancia actual de las redes sociales, como una forma de evangelizar. Posteriormente, distintos ponentes dieron testimonio de sus vivencias y su actuar en la vida pública a través de redes: Alvaro Trigo, Carlota Valenzuela y Lupe Batallán. Para finalizar la jornada se celebró, en la capilla del Colegio Mayor de San Pablo, una Hora Santa dirigida por Hakuna, que abarrotó la capilla con recogimiento y presencia del Señor. La noche terminó con cena y música en directo donde se pudo poner de manifiesto la alegría de ser hijos de Dios.

La jornada dominical se inició con la celebración de la Santa Misa, retrasmitida por Televisión Española, desde la capilla del Colegio Mayor de San Pablo, y presidida por el Consiliario Nacional de la ACdP, Mons. Fidel Herráez. Previo al acto de clausura, se presentó la última ponencia anteriormente comentada por Fabrice Hadjadj.

Las ponencias centrales de este vigésimo sexto Congreso Católicos y Vida Pública, cuyo título indicaba la situación y preocupaciones del mundo actual «*Quo vadis?* Pensar y actuar en tiempos de incertidumbre», y que han recogido este libro, pretenden dar respuesta a dicha pregunta y a su reflexión sobre nuestro pensar y actuar.

Este epílogo debe ser el inicio del prólogo del vigésimo séptimo Congreso Católicos y Vida Pública a celebrar en Madrid los próximos días 15, 16 y 17 de noviembre, un congreso lleno de «Esperanza», sea cual fuere la situación de España y del mundo en ese momento, pues no debemos olvidar que «el pesimismo es contrario a la gracia y a la fe» y como decía san Ignacio de Loyola, la esperanza es la confianza en la providencia divina y la importancia de una vida entregada a Dios en todo momento, sin importar las dificultades, enfatizando que «En los momentos de desolación, nunca te desesperes, ni te consideres desamparado; al contrario, ten por cierto que te está reservada una consolación mayor». Por ello, a fin de dar muestra de nuestra fe en el Señor, que nos llena de Esperanza, os esperamos en el vigésimo séptimo Congreso Católicos y Vida Pública.

PUEDE ACCEDER AL CONTENIDO ÍNTEGRO
DEL XXVI CONGRESO CATÓLICOS Y VIDA PÚBLICA EN:

SE TERMINÓ DE IMPRIMIR ESTA EDICIÓN DE
QUO VADIS?
PENSAR Y ACTUAR EN TIEMPOS DE INCERTIDUMBRE
EL 31 DE MAYO DE 2025,
FESTIVIDAD DE LA VISITACIÓN DE LA VIRGEN MARÍA.

LAUS DEO VIRGINIQUE MATRI